# 新时代背景下
# 大学英语教学改革与发展创新

钟思美 著

哈尔滨出版社
HARBIN PUBLISHING HOUSE

图书在版编目（CIP）数据

新时代背景下大学英语教学改革与发展创新 / 钟思
美著．-- 哈尔滨：哈尔滨出版社，2024.1
ISBN 978-7-5484-7521-7

Ⅰ．①新… Ⅱ．①钟… Ⅲ．①英语－教学改革－研究
－高等学校 Ⅳ．① H319.1

中国国家版本馆 CIP 数据核字（2023）第 169525 号

书　　名：新时代背景下大学英语教学改革与发展创新
XINSHIDAI BEIJING XIA DAXUE YINGYU JIAOXUE GAIGE YU FAZHAN CHUANGXIN

作　　者：钟思美　著
责任编辑：韩伟锋
封面设计：张　华
出版发行：哈尔滨出版社（Harbin Publishing House）
社　　址：哈尔滨市香坊区泰山路 82-9 号　邮编：150090
经　　销：全国新华书店
印　　刷：廊坊市广阳区九洲印刷厂
网　　址：www.hrbcbs.com
E－mail：hrbcbs@yeah.net
编辑版权热线：（0451）87900271　87900272
开　　本：787mm×1092mm　1/16　印张：13.25　字数：290 千字
版　　次：2024 年 1 月第 1 版
印　　次：2024 年 1 月第 1 次印刷
书　　号：ISBN 978-7-5484-7521-7
定　　价：76.00 元

凡购本社图书发现印装错误，请与本社印制部联系调换。

服务热线：（0451）87900279

# 前　言

本书针对新时代下的大学英语教学进行了深入思考，分别从不同维度探索了新的教育环境下大学英语教学的客观规律及教学改革的具体实践，分析了大学英语的教学现状，并提出了相关教学案例以便更好地改进教学策略。

本书首先对新时代背景下大学英语教学研究与改革创新做了探讨，其次对大学英语教学中的听、说、读、写四个方面做了分析，并对其改革研究方面逐一进行较为全面的阐述，最后对大学英语智慧教学体系的构建以及在此体系下学生能力的培养做了总结。全书从新时代背景下大学英语课程适应时代发展为出发点，对大学英语教学各方面进行了叙述和思考。本书的实用性较强，对教育工作者及相关领域研究人员具有一定的参考价值。

本书编写过程中参考并借鉴了一些专家学者的研究成果和资料，在此特向他们表示感谢。由于编写时间仓促，编写水平有限，不足之处在所难免，恳请专家和广大读者提出宝贵意见，予以批评指正，以便改进。

# 目　录

# 第一章 新时代背景下大学英语教学研究与改革创新

## 第一节 大学英语教学的理论阐述

### 一、高校英语教学的内涵

学生向上发展是所有教育教学活动的逻辑起点以及最终目标。而高校英语教学活动是高校教育活动的重要组成部分，从高校教育教学活动的特点进行分析，高校英语教学具有以下特点：

#### （一）高校英语教学具有基础性

高校英语教学的内容应该是英语语言学习的基础内容，其英语技能应是英语语言学习的基础技能，掌握基础内容以及基础技能后，大学生才会形成基础综合素质。

#### （二）高校英语教学具有未来性

高校英语教学面向学生的未来发展，应做到知识内容、英语技能、综合素质构建都朝着未来发展，在高校教育的背景下，英语学习策略要不断完善。

#### （三）高校英语教学具有全面性

高校教育的根本目标是让学生在教育过程结束后得到全面发展，这要求高校英语教学必须包含能够影响学生的英语语言素质以及综合素质的全面发展的过程以及内容。

以上是通过高校英语教学活动总结出的高校英语教学活动内涵，可引导教师及学生面向未来的英语运用能力与综合素质的全面构建和发展。

综上，高校英语教学是一门探究高校英语教学目的、教学目标、教学内容、教学原则、教学模式、教学方法的，以全面培养大学生面向未来发展的基础性的英语运用能力和基础性的综合素质的学科。

## 二、高校英语教学的构成因素

### （一）教师

教师是教学活动的领导者及组织者，对教学效果的影响很大。教师往往在教学活动中处于主导作用，所以要格外注重自身素质的提高，给学生树立标杆。而一名合格的高校英语教师应该具备以下三方面的基本素质：

1. 专业素养

教师专业方面的素养包括以下几个方面：

（1）综合教学能力

综合教学能力是需要高校英语教师在除语言教学以外所具备的教学能力。例如，书写、绘画、唱歌、表演等。其中书写要达到字迹工整规范；绘画需要在英语教学中运用简笔画辅以教学；唱歌即能够教唱学生喜爱的英文歌曲；表演则是能运用体态语，以表情、动作表达英语教学中的情感或含义，使高校英语教学课堂绘声绘色。

（2）系统的教学理论知识

高校英语教师还必须掌握系统的教学理论知识，不同于初、高中老师的是，大学英语教师除了需要具备教育学、心理学理论之外，还要熟练运用现代语言知识、英语教学法知识以及英语习得理论知识等，有利于培养大学生的综合英语素质。

（3）较高的语言水平

作为高校英语教师，必须拥有较高的语言水平，这其中包含大量的英语专业知识和较高的英语技能。不仅要具备完善的英语语法、语音知识，同时还要具备超高的词汇量以及优异的听、说、读、写能力。综合素质较强的教师是开展高校英语教学的基本保障。只有这样，教师才能全面地掌握高校英语教材，传授更专业的英语语言知识。

（4）英语教学的组织能力

英语教学的组织能力主要指教师动员和组织学生集体进行学习的能力。这一能力主要表现在教师有效地掌握课堂、有效地动员学生积极参加学习等方面。在有效掌握课堂方面，教师要做到注意教材内容、自己的言语和言语表达；注意学生理解和表达的正确性，包括语音、语法、词汇及思想表达等方面的内容；注意学生的课堂情绪和纪律；注意掌握学生的注意力。做到以上几点，教师才可以使课堂教学井然有序。要想有效动员学生积极参与学习，教师需要具有一定的创造性。教师一进课堂就会进入一种创造性的境界，思维活跃，能够很容易地自由运用知识技能，从而使学生得到有力的感染，愿意全身心地投入教师引导的学习活动中。教师流利的英语本身就是动员学生的一种力量，教师发音要清晰、准确流利，内容易懂、明确。而且，还要能根据学生的语言水平来组织自己的语言，使用学生学习过的词汇和语法结构。

（5）传授英语知识技能的能力

第一，高校英语教师要善于讲解。讲解能力是所有学科教师都必须具备的最基础也是最主要的工作能力。一名合格的高校英语教师要擅长把复杂、枯燥的教学内容优化为通俗易懂又生动有趣的内容。所以，高校英语教师不仅要了解学生的心理特点以及英语水平，更要认真备好课，根据不同的教学内容选择不同的讲解方法。

第二，高校英语教师要善于示范。高校英语教学不仅需要教师传授英语知识，还需要培养大学生面向未来的综合英语技能。大学生英语技能的培养包含发言、朗读、对话、书写等，这些都需要教师进行示范，让学生对范例进行模仿。通过范例与讲解相结合，让学生在模仿中进步，从而实现自身的发展。

第三，高校英语教师要善于提问。在高校英语课堂中对学生进行提问也是教学环节中一个重要的手段，可以帮助教师在讲授新知识前让学生复习以往的旧知识；用提问来检查学生的复习情况等。教师在课堂上提问也需要注意两点：一是提出的问题要符合学生的实际英语水平；二是提问时最好能调动起全班的积极性。

第四，高校英语教师要善于引导学生进行英语练习。第二语言技能需要通过大量的语言实践来进行培养。例如，语音练习、语法练习、口语练习以及听、说、读、写练习等。高校英语教师必须熟练使用各种形式的练习方法，并在课堂中引导学生积极进行英语练习，全面发展学生的英语技能。

第五，高校英语教师还要善于纠正学生在学习过程中出现的错误。例如，发音、语法、写作等方面，有些错误，学生可自行通过音频、视频进行纠正，有些错误则需要教师有策略、有技巧地纠正。何时纠正、如何纠正，都能反映出一名高校英语教师的教学实践素养。

（6）较强的科研能力

以往的高校英语教学只要求教师具备语言水平与教学水平。但随着我国社会的不断发展，教育界对高校英语教师也提出了新的要求，除了语言水平与教学水平之外，高校英语教师还需要拥有较强的教育科研意识以及科研能力。

长期以来，我国高校英语教育很大程度上借鉴了西方国家的英语教学理论以及教学方法，在一定程度上促进了我国高等院校英语教学的发展，但由于这些理论与方法跟中国的语言文化背景不符，部分中国学生无法适应，所以这些理论与方法并不一定贴合我国各高校的英语教学。所以，为了提高我国高校英语教学的效果，各高校英语教师应当考虑中国特色，结合我国的教学背景，推陈出新，研究具有中国特色的英语教学之路，促进我国高校英语教育的发展。

2. 师德素养

师德作为所有教师最重要的素养，决定着教师对学生的热爱、对教学的追求以及对教育事业的忠诚，是教师从事教育活动的最大动力。同时，教师的师德也影响着学生的学习和成长。因此，高校英语教师必须具有坚定的理想信念，对教育事业怀着忠诚之心，热爱学生，才能做到言传身教，使学生在未来的道路上积极前行。

3. 人格素养

"学高为师，身正为范"概括了教师的职业特点以及专业特征，同时也概括了现代高校英语教师在人格素养方面的职业要求。一名合格的高校英语教师应具有高尚的道德品行、正确的自我意识、崇高的审美素质、良好的心理素质、好学的品质以及丰富的专业知识等。这些要求都是互相联系、互相影响的，对高校英语教师来说，人格素养就是教师素养的综合体现。

## （二）学生

学生是高校英语课堂教学的主体以及中心。每位学生都是独立的个体，不同城市、不同年龄、不同性别等因素让学生之间有较大差异，而这些差异会反映在语言潜能、认知风格、情感因素等方面，所以每位学生掌握并理解新知识的速度与程度都存在一定的差别。下面，笔者将介绍学生其中的三个方面的差异。

**1. 语言潜能差异**

语言潜能是一种固定的天资，是学生在学习英语的过程中所需要的认知素质以及学习英语的能力。提升大学生英语素质就是要培养其综合语言运用能力，而预测语言潜能就是以学生认知素质来预测学生学习英语的潜在能力。卡洛尔提出英语学习能力包括四种：①语音编码、解码能力，即关于输入处理的能力。②归纳性语言学习能力。它是有关语言材料的组织和操作能力。③语法敏感性。它是从语言材料中推断语言规则的能力。④联想记忆能力。它是关于新材料的吸收和同化能力。

不同的学生在语言潜能上都存在着差异，在英语教学过程中，教师应大致了解学生的语言潜能，因材施教。

**2. 认知风格差异**

认知风格是指人在信息加工过程中，表现出来的认知组织与认知功能方面的风格，它既包括个体知觉、记忆、思维等认知过程方面的差异，也包括个体态度、动机等人格形成和认知功能与认知能力方面的差异。不同的学习个体有不同的认知风格。应该说，不同的认知风格各有优势与劣势，但这并不代表学生的学习成绩有差别。学生之间可以有各自偏爱的信息加工方式，在学习不同材料时也会各有所长。当学生的认知风格与教师的教学风格、学习环境中的其他因素相吻合时，其学习成绩会更好。因此，教师应了解并尊重学生不同的认知风格类型，针对不同的英语学习任务和英语学习环境因材施教，妥善引导，使自己的教学特点与学生的需要有机联系起来，进而取得良好的教学效果。

**3. 情感因素差异**

情感因素方面的差异主要涉及以下几个方面：

（1）学习动机

学习动机是指激发个体进行学习活动，维持已进行的学习活动，并使行为朝向一定的学习目标的一种内在过程或内部心理状态，是直接推动学生进行英语学习的内部动力，是影响英语学习成绩的一个关键因素。学习动机来源于学习活动，也是学习活动得以发动、维持、完成的重要条件，并由此影响学习效果。

（2）性格

性格是指一个人对现实的态度和行为方式表现得比较稳定但又可变的心理特征，是学生的重要情感因素，也是决定其英语学习成功与否的关键因素之一。

人的性格大体可以分为外向型和内向型两种。R.Ellis 认为，外向型的学生有利于交际方面的学习，不怕出错，能积极参与英语学习活动，并在活动中寻求更多的学习机会；而内向型的学生在发展认知型学术语言能力上更占优势，因其善于利用沉静的性格从事阅读和写作。对教师来说，研究学生性格差异的最终目的，是为了充分了解学生的个体差异和不同的心理状态，发挥不同性格学生的优势，因材施教，以获得更理想的英语教学效果。

（3）态度

态度是指个体对待他人或事物的稳定的心理倾向或为达到某种目的而做出的一定努力，是影响英语学习的重要因素之一。态度包括三个方面：①情感成分，即对某一个目标的好恶程度。②认知成分，即对某一个目标的信念。③意动成分，即对某一个目标的行动意向以及实际行动。

一般来说，对异文化抱有好感，向往其生活方式，渴望了解其历史、文化和社会习俗的学生，对其文化与语言会持积极的态度，这样就可以获得良好的学习效果。反之，如果对某外族文化抱有轻蔑、厌恶甚至仇视态度的学生，则很难认真了解该文化并学好语言。此外，学生对学习材料、教学活动的组织形式以及对教师的态度，都会影响到他们英语学习的效果。

对学生个体差异的分析是为了能够根据学生的个体差异制订相应的英语教学计划，选择适合的教学材料和方法，具有重要的实践意义。

## （三）教学内容

教学内容是连接学生和教师之间的桥梁，也是教学实践中不可或缺的一个重要构成因素。所谓教学内容，就是指在教学活动中为实现教学目标，师生共同作用的知识、技巧、技能、思想、概念、事实等的总和。教学内容是一种特殊的知识系统，既不同于语言知识本身，也不同于日常经历；既要考虑英语学科本身的知识体系，又要考虑学生的年龄特点和实际需求等。一般来说，教学内容包括以下几个方面：

1. 语言知识

基础英语语言知识是综合英语运用能力的有机组成部分，是语言学习和语言运用的重要内容之一。没有扎实的语言知识，就不可能具有较强的语言能力。

2. 语言技能

听、说、读、写是学习和运用语言必备的四项语言基本技能，是他们形成综合语言运用能力的重要基础和手段。听是分辨和理解话语的能力；说是运用口语表达思想、输出信息的能力；读是辨认和理解书面语言的能力；写是运用书面语表达思想、输出信息的能力。学生通过大量听、说、读、写的专项和综合性语言实践活动，形成这四种技能的综合运用能力，为真实的英语交际奠定基础。

3. 情感态度

所谓情感态度，是指兴趣、动机、意志和合作精神等影响学生英语学习过程和学习效果的相关因素，还有在学习过程中逐渐形成的祖国意识和国际视野。在教学中，教师应不断激发并强化学生的学习兴趣，引导他们逐渐将兴趣转化为稳定的学习动机，磨炼克服困难的意志，认识自身的学习优势与不足，乐于与他人合作，养成和谐和健康向上的品格。

4. 文化意识

在高校英语教学中，文化指所学语言国家的历史地理、传统习俗、文学艺术、生活方式、风土人情、行为规范等。对学生来说，接触和了解英语国家文化有益于学生对英语的理解和使用，加深对本国文化的理解与认识，有利于提高人文素养，培养世界意识。因此，教师在教学中要主动向学生传授文化意识，根据学生的年龄特点和认知能力，传授文化知识，培养文化意识和世界意识。

5. 学习策略

学习策略是指学生为有效地学习和发展而采取的各种行动和步骤。英语学习的策略包括认知策略、调控策略、交际策略和资源策略等。培养学习策略有助于学生有效学习英语，为终身学习奠定基础。使用有效的英语学习策略，可以改进英语学习方式，提升学习效果，还可以让学生学会如何学习，从而培养学生自主的终身学习能力。因此，教师要有意识地帮助学生形成适合自己的学习策略，对自己的学习过程和效果进行监控和反思，培养学生根据学习风格不断调整学习策略的能力，引导学生观察他人的学习策略，与他人交流学习体会，尝试不同的学习策略。

教材是教学内容的重要载体。教材是教师用来教学的材料，也是学生用来学习的材料。简单地说，教材是为教师的教和学生的学服务的，是课堂的必需品。然而，教材是死的，学生是不断变化的，而且任何教材的编写都受编者水平和资料的限制，不可避免地会存在某些缺点和不足。如果教师一味地以完成教学任务为目的，忽略学生的反应，按部就班地使用教材，恐怕很难起到促进学习的作用。因此，在教学过程中，教师应灵活处理不同的教材，在课上或课下询问学生的感受，根据实际情况及时调整教学的方法和进度。

### （四）教学环境

任何教学活动都是在一定的教学环境中进行的，教学环境是教学活动的基本要素之一，是开展教学活动的依托。同样，英语教学也必须在现实的英语教育环境中进行，所以英语教育受制于环境这一因素。

1. 教学环境的构成要素

英语教学环境是指英语教学赖以进行的实际条件，即能稳定教学结构、制约教学运作、促进个体发展的教育条件和环境因素。环境因素是制约和影响英语教学活动和效果的外部条件。教学环境主要由以下几个要素构成：

（1）学校环境

学校是为学生提供学习场所和学习手段的最佳环境，它对英语教学的影响更为重要和直接，决定着绝大多数学生英语学习的成败。学校环境主要包括课堂教学、接触英语时间的频率、班级的大小、教学设施、教学资料、英语课外活动、英语教师及其他教职工对英语的态度及其英语水平、校风班风和师生人际关系等。

（2）社会环境

社会环境是影响和制约英语教学过程的重要因素，它主要指社会制度、国家的教育方针、英语教育政策、经济发展状况、科学技术水平、人文精神、社会群体对英语学习的态度以及社会对英语的需求程度等。社会环境因素是英语教学向前发展的动力，对英语教学具有重要的导向作用。

（3）个人环境

个人环境主要包括学生的家庭成员、同学、朋友的社会地位，物质生活条件，文化水平，职业特点和对英语学习的态度、经验、水平及学习方式，成员之间的关系及感情，学生的经济状况，拥有的英语学习设备和用具等。个人环境也会对学生的英语学习产生一定程度的影响。

2. 教学环境对英语教学的意义

成功的英语语言学习活动离不开其得以存在、发展、交流、应用的各种环境因素。教学环境潜在地影响着教学活动的效果，是学生学习活动赖以进行的主要环境。教学环境对英语教学的意义主要表现在以下几个方面：

第一，促进教师在教学中更加努力地营造良好的英语课堂教学环境，充分利用现代化教学手段与教学资源，优化教学环境，提高学生对英语的运用能力。

第二，可以帮助教师正确认识环境对学生英语学习的客观影响，结合我国的英语教学实际，理性地分析、判断和选择外国的英语教学理论和教学方法。

第三，可以帮助教师有效地加工语言输入材料，科学地设计语言练习，创设良好的课堂英语使用环境。

第四，有利于教师在不断学习和实践优化课堂教学环境策略以及创设良好的英语教学环境的过程中，提高自身的教学素质。

# 第二节　大学英语教学的发展研究与现状

## 一、高校英语教学的发展

高校英语教学发展的方向主要有以下几点：

### （一）不同院校、学生的目标可以不同

不同的学校，其师资力量、教学资源等都有所不同。因此，不同高校的教学目标也可能有所不同，既允许顶尖院校有更高的教学目标，也允许后进的院校只达到基本要求。另外，即使是同一所学校的学生，他们的英语水平也可能相差较大。对此，学校应根据不同学生的实际水平、兴趣爱好等开展分级教学。要求实力不同的院校、起点不同的学生达到相同的目标显然是不合理的，也是不太可能实现的。

### （二）教育理念转向"以学生为中心"

过去的高校英语教学十分注重语言的结构，认为语法是英语教学中最重要的内容，学生只要学会了语法规则，就学会了语言，获得了使用语言的能力。在此基础上，高校英语教学普遍存在"以教师为中心"的教学现象。然而，随着语言教学理论的发展以及交际教学法的兴起，人们越来越多地意识到，学习是学生的活动，作为内因的学生本人才是影响学习效果的根本原因。因此，语言教育者提出了"以学生为中心"的教学理念，旨在提高学生学习的主动性、积极性，从而提高教与学的效果。

"以学生为中心"起源于美国教育学家杜威的"以儿童为中心"的教育理念。杜威认为，教师并非教学的中心，教学中也不应采用填鸭式、灌输式的教

学方式，而应以儿童为中心开展和组织教学，充分发挥他们的主观能动性。在此基础上，人本主义代表人物罗杰斯提出了"以学生为中心"的教育理念。他认为，学生天生就有学习的潜力，若所学内容与学生自身的需求相关，学生就会积极参与学习，如此就可提高学习的效果。在此观点的影响下，教师逐渐意识到自己不应是居高临下的指挥者和知识的灌输者，而应是学生学习的参与者、组织者、合作者、指导者和推动者。而如何实现"以学生为中心"的教学理念，避免"一言堂"现象的产生，并保证良好的教学效果是需要继续探索的实际问题。需要指出的是，"以学生为中心"并不意味着教师就要"袖手旁观"，也不意味着教师的任务会变轻。

事实上，按照"以学生为中心"的教学理念来开展课堂教学时，教师不仅要参与到教学活动中去，而且还要与学生合作，才能完成整个教学任务。在此期间，教师还要给学生一定的帮助和指导，最后还要对学习活动的开展情况和学习效果做出评估，以促进教学活动的顺利开展，并达到预期效果。由此可见，在"以学生为中心"的教学理念下，教师扮演着"学生顾问"的角色，既要掌握学生的实际需求，还要帮助学生做好学习准备，顺利完成课堂活动。因此，与传统的"以教师为中心"相比，教师的工作不但没有减少、减轻，反而增多了。

### （三）教学模式转向"以内容为依托"

在全球化进程不断加快的今天，社会各行各业对既有专业知识又熟悉相关领域英语的复合型人才的需求越来越大，这就对专门用途英语的教学提出了更多、更高的要求。复合型英语人才大致可分为"专业＋英语"人才和"英语＋专业"人才两类。其中，前者是以英语为工具，从事专业工作。学习期间，学生可以根据自身需要选择两个或多个学科的课程，如经贸＋英语、物理＋英语、机械＋英语等。而后者则主要从事某些领域的口译、笔译工作。在英语教学中，这两类人才的培养都是以英语基础和多学科知识的交融为出发点，力求培养出能对本专业知识融会贯通的综合性人才。在此标准下，各专业学生不仅要具备基础的英语听、说、读、写能力，更要能利用英语来获取专业知识和信息，甚至要能利用英语参与国际学术交流等。然而，纵观我国目前的高校英语教学可以发现，以讲解语言点为主的"记忆型教学"仍然占据主要地位。这样的教学模式对提高学生的学习动机、营造轻松愉快的课堂气氛而言都是十分不利的。显然，这样的教学模式很难取得良好的教学效果，学生也无法运用英语解决实际工作中的问题。由此可见，传统的高校英语教学模式已无法满足社会发展的需要，从某种程度上制约了学生的发展。

### (四) 开展多媒体网络教学

以计算机网络为核心的现代信息技术的引进使英语教学目标、方法、手段、观念、教材、作用、环境、评估等各个方面都发生了巨大变化。与传统教学相比，计算机多媒体教学有着众多优势：计算机软件可以为学生提供地道的发音，生动形象地将知识内容呈现给学生，图文并茂，很容易引起学生学习的兴趣，同时也使英语教学突破时空限制，学生在任何时间、任何地点都能学习英语。这也极大地增加了学生学习英语的时间。

### (五) 评估方法多元化

评估是英语教学的一个重要方面。教学目标是否实现要依靠教学评估来检验。而交际型的、以学生为中心的教学模式和培养综合应用能力的目标，要求其评估体系也应该是能够考查学生语言运用能力的交际型评估。这也引发了教学评估方式的转变：测试中的客观题减少，主观题增加；终结性评估不再"独霸天下"，形成性评估受到越来越多的重视等。随着人们对教学评估改革意识的增强，出现了很多可以在计算机网络上实现的、新型的语言测试。这些测试大多具有开放性、形成性和多维性的特点。例如，允许学生多次考试，让他们看到自己的进步和成功，尊重每名学生的学习速度、学习阶段和自我感受，让他们为完成学习任务而学习，而不是单纯为了应付考试。

## 二、高校英语教学的现状

### (一) 语音教学现状

1.对语音教学的内容和任务把握不够

一些教师误以为语音教学就是教字母、单词读音、国际音标。事实上，这种观点反映了其对语音教学内容的认识缺陷。因为语流、语调、重音等同样是语音教学的重要内容。但有的英语教师只关心前面几项内容，而忽视了后面几项，这就很容易造成学生发音、拼读尚可，但语调不过关，语流不畅的问题，最后学生读不清楚，说不明白，甚至会因为语调使用错误而引起他人的误解。因此，英语语音教学不能只停留在单个音素和单词读音的层面上，还应在音长、重音、语调、停顿、节奏等方面对学生进行重点训练。

2. 对语音教学认识不够

对语音教学的认识不足主要表现在两个方面：一是对语音教学的重视不够，二是缺乏对语音教学长期性的认识。

（1）对语音教学不够重视

作为语言存在的基础，语音是英语教学的第一关。可以说，世界上所有的语言不一定都有文字形式，但却一定有各自的语音。因此，英语语音教学也应该是整个高校英语教学发展的起点。然而在实际教学中，很多教师对语音教学并不重视，这一点主要表现为对学生的发音问题（如浊辅音发成清辅音、短元音发成长元音等）不认真纠正，致使学生的语音基本技巧不纯熟，无法快速地将字母和语音联系起来，达不到直接反应的水平。总之，对语音教学的重视不够直接导致了学生发音不准、语流不畅、语音不地道等问题的出现。

（2）缺乏语音教学长期性的认识

很多教师和学生认为，语音作为一项基础知识，只存在于英语教与学的初级阶段，大学阶段无须再开展语音教学。这种观点是不正确的。事实上，语音教学应该贯穿整个英语教学。这点常被一部分教师所忽视，导致学生的语音越来越差。高年级学生开口能力和习惯反而不如低年级学生。这些问题的产生都和教师对语音教学的长期性认识不够有很大的关系。因为语音是一种技巧性能力，久熟不如常练，语音的学习自然就需要经常练习。教师不仅要指导学生练习，自己也要不断地纠音和正调。需要指出的是，大学阶段的英语语音教学可不必将重点放在孤立的发音上，而应将语音教学融入语法、词汇、句型、课文教学和听、说、读、写训练之中，结合语境才能更好地使学生的语音得到提高。

3. 教师语音不标准

教师作为学生学习的榜样，其发音的准确、地道与否都直接影响了学生对语音的学习。然而，由于地区差异等原因，部分英语教师自身也存在发音不准确的问题。

4. 学生语音练习机会少

大学阶段的语音教学不像初学英语时那样，教师会用专门的几节课讲授语音知识。非英语专业的高校英语教学并无专门的语音课，语音是和其他语言知识与语言技能一起进行综合教学的。平均下来，教师分配给语音教学的时间本来就少，而用于语音练习的时间就更少了。这是英语语音教学中的一个显著问题，也是学生英语语音学习效果不佳的一个重要原因。

### （二）词汇教学现状

1. 教学方法单一

词汇是学生最常学习的内容，也是学习中最头疼的部分。很多学生都存在记得快、忘得也快的问题，而且总是死记硬背单词，也常常会因为太过枯燥、乏味而半途而废。这一现状与教师词汇教学方法单一不无关联。大部分教师依然采用传统的教学方法，即"老师领读—学生跟读—老师讲解重点词汇用法—学生读写记忆"。这种教学方法单调、乏味，学生处于被动的学习地位，这无疑加剧了学生对词汇学习的抵触情绪，教与学的效果都不会太好。对此，教师必须重视词汇教学方法的更新，要采用多样、有趣的词汇教学方法来调动学生的积极性，提高学生学习词汇的兴趣。例如，教师可以利用实物、图片、肢体语言、多媒体等教具来呈现和讲解词汇，而不是一味地用黑板呈现，这样有助于吸引学生，引起他们的学习兴趣。

2. 忽视学生的主体地位

学生是学习的主体，其自身的各项因素都直接决定了学习的效果。现代教育观认为，只有突出学生的主体地位，教学才能收到令人满意的效果。然而，这种主体地位在实际的英语教学中仍未得到很好的体现，词汇教学也不例外。词汇教学本应注重对学生智力的开发，重视对学生的观察力、记忆力、想象力、思维能力以及创造能力的培养。而现实状况是，少数教师仍然采用填鸭式教学，将词汇的发音、意思、搭配等知识一股脑儿地灌输给学生，也不管学生需不需要，有没有兴趣，词汇教学效果显然不佳。实际上，学生进入大学阶段时，大多有了一定的英语词汇基础，且有能力对相关的词汇规律进行归纳和总结。因此，教师不应继续"独揽霸权"，而应发挥引导作用，使学生逐渐能够独立思考和总结，发现词汇规律，掌握词汇学习的方法，这样才能使学生的词汇学习事半功倍。

3. 与实际生活联系不够

人们往往对自己熟悉的、与自己有关的事物更加关心。因此，教师也应将词汇与学生生活联系起来，以引起学生更大的学习兴趣。然而，大多数教师仍然采用黑板和口头讲述单词的方法，词汇与实际生活的联系也十分微弱。而不能使词汇学习与学生的实际生活联系起来就难以引起学生对词汇的学习兴趣，也无法因材施教。

4.缺乏系统性

英语词汇虽然多达上百万，看起来杂乱无章，实则是有规律可循的。因此，教师应该按照一定的系统来开展词汇教学。把握好这种系统性有助于加强词汇之间的联系，从而提高词汇教学的效率和效果。然而，目前我国大多数的英语词汇教学都一定程度地缺乏这样的系统性。

# 第三节　新时代大学英语教学的改革创新

## 一、着眼于全人发展，以人为本

英语教学的首要定位就是人的教育，而大学英语教学的首要要求也应当是人本主义。教师要时刻以学生为中心，充分发挥出学生的主体作用，注重学生的全面发展，使他们具备持续学习的能力，从而为终身学习打下良好的基础。因此，当代英语教学要求学校和教师要着眼于学生的全面发展。要促进学生的全面发展，仅靠帮助学生掌握英语知识是远远不够的，还需要注意培养学生的社会责任感、积极的情感、严谨的治学态度等，因为这些因素对学生的英语学习也有重要的影响。这就要求教师在英语教学中尊重学生，做到以人为本。具体来说，应从以下几个层面着手：

### （一）承认学生之间的差异性

首先我们必须承认，学生之间是存在差异的，每个学生都有其独特的个性。学生的类型不同，其学习特点也存在差异，面对这些差异，教师应该为他们提供与他们实际学习需求相符的学习指导，同时也为他们提供平等的学习机会。可见，教师在教学中应该具体问题具体分析，做到因材施教。例如，有的学生擅长口头表达，有的学生则擅长书面表达；男生比较倾向于阅读思考，而女生则倾向于记忆单词、掌握规则。因此，一个优秀的英语教师应该在教学中根据学生的具体类型和特点进行具体的指导。

### （二）相信学生的潜在能力

教师应该坚信，每一个学生都具有极大的学习潜能，都有其独特、丰富的内心世界。尤其是在科技与网络高度发达的今天，学生在很多方面都比以往更独立，在许多问题上的思考也非常独特。因此，教师应该多与学生沟通、交流，使学生能够将教师视为朋友。同时，教师在与学生平等相处的基础上，不断获取学生的想法，进而改进自己的教学，为学生提供更加充足的发展潜能的机会。这样，英语教学也会卓有成效。

### （三）发挥学生的主体作用

学生主体是指自主地、能动地参与教学活动的学生个体。在英语教学中，教师要尽量做到为每个学生创造良好的教学环境，确保每个学生能够参与到教学活动中，让学生在教学活动中不断地培养和发展自身的自主性、能动性和创造性。

### （四）营造和谐的课堂氛围

要顺利地实施情感教学，营造和谐的课堂氛围是较为关键的层面。课堂教学实际上是交际的过程，如果课堂气氛和谐，交际就会有效；如果课堂气氛不和谐，交际就会无效。从某种程度上来说，营造和谐的课堂交际氛围比使用好的教学方法更重要。营造和谐的课堂氛围有赖于以下三个因素：

1. 提倡宽容的态度

英语毕竟是一门外语，不是母语，我们使用母语都会不可避免地犯错，在学习英语时犯错更是在所难免。长期以来，教师在教学中过于强调语言的精确性，学生只要犯一丁点的错误都会被教师打断并纠正。久而久之，学生便产生了挫败感与畏难情绪，甚至出现了"谈英语色变"的情况，对英语学习提不起任何兴趣，那么英语课堂氛围沉闷也就可想而知了。

改革背景下的大学英语教学提倡教师对学生的宽容态度，即教师应该引导学生多运用英语，不必有错必纠。

此外，在英语课堂教学中，教师还需要正确处理学生的突发情况。例如，碰到学生上课打瞌睡的时候，不应当立刻严肃地训斥学生，而应当本着以人为本的态度关心学生。这样，学生对教师心存感激，自然也就会努力地投入到英语学习当中。

2. 改善师生关系

要创造和谐的课堂气氛，教师首先要热爱自己的学生，给学生创造更多平等的机会。其次，教师要坚持人本主义的思想，改变教学重教师而轻学生的传统观点，对师生之间的关系进行重新审视和调整。在具体的教学过程中，教师还要为学生提供充足的学习空间，让不同类型、不同水平的学生都能够在学习过程中获得乐趣、成就感和满足感。当学生们感受到成功时，就会不断提高自己对这门功课的兴趣和积极性，也就必然会推动教学质量的提高。

3.注重情感交流

研究表明，教师对学生能力的信心在一定程度上直接影响着学生学习的效果。因此，在英语课堂上，教师自身应该始终处于高昂的、乐观向上的精神状态，对学生要倾注所有的热情，并用这种态度将学生的积极情感调动出来。同时，教师要对学生充满信心，多表扬与鼓励学生，提高他们英语学习的积极性与主动性。

# 二、注重培养学生的综合运用能力

英语教学要注重培养学生运用语言的综合能力，这也是英语教学最基本的目标所在。在新一轮大学英语教学改革中，国家推出了新的《全日制义务教育普通高级中学英语课程标准（实验稿）》，其中对英语课程的内容和目标做了如下表述：基础教育阶段英语课程的目标是培养学生的综合语言运用能力。这种能力的形成建立在语言技能、语言知识、情感素质、学习策略以及文化意识等素质整合发展的基础之上。要培养学生语言的综合运用能力，教师需要深刻认识以下三点：

## （一）语言技能的掌握是学习语言的主要目的

语言技能包括听、说、读、写、译五个方面的基本技能以及其综合运用能力。如前所述，听、读是语言的输入，侧重知识的吸收；说、写是语言的输出，侧重知识的表达；翻译既有输入也有输出。学生在交际过程中通过吸收和表达知识信息，不断地提高语言运用的能力。因此，在英语教学中，教师要引导学生通过大量的听、说、读、写、译的实践，提高自身的综合运用英语的能力。可以说，在英语教学中，听、说、读、写、译不仅是学习英语的目的还是学习的手段。

## （二）必要的语言基础知识的学习有助于英语学习

学习必要的语言基础知识是形成能力的基础，有利于辅助英语学习。

虽然我们反对英语课一直围绕语法教学进行，将英语课上成语法课，但是这并不意味着我们就不需要学习语法了。相反，学习必要的语法基础知识是非常有必要的,这是因为语言的基础知识不仅仅是构成语言能力的重要组成部分,还是培养和发展语言技能的重要方面。

需要注意的是,学习必要的语言基础知识并不意味着把学习语言基础知识作为课堂教学的唯一目的,也就是说,绝对不能把英语课当成是语言知识课来上。因为语言知识学习最终的落脚点就是实际的综合运用,只有在学习基本语言知识的基础上,辅以适当的实践训练,才能真正提高学生的综合运用能力。

### (三) 语言能力的高低与心理因素和学习策略有关

心理因素不仅关系人的发展,还关系英语的学习。学生只有对英语学习抱着积极的态度,自发主动地参与,才能对英语持有无限的热情与动力,才能学好英语。因此,英语教学一定要注重学生的心理因素。

学习动机是学生学习英语的首要心理因素,而对英语学习的态度、兴趣、情绪则是促使学生产生英语学习动机的核心因素。因此,在英语教学中,教师一定要通过培养学生的学习态度、兴趣、情绪来激发学生的动机。

除了激励学生英语学习的动机,教师还要注重指导学生选择正确的英语学习方法与策略。

## 三、努力提高学生的认识能力

目前,英语教学正在经历由知识型教学向技能型教学转变的过程,也就是说英语教学不仅是让学生获得语言技能,也需要传授相应的语言知识,当然还需要培养并提高学生的认识能力。下文将探讨改革背景下的大学英语教学提高认识能力的意义与途径。

### (一) 提高学生认识能力的意义

大学英语教学改革中提高学生认识能力的意义可以从以下两个关系来理解。

1. 母语与英语的关系

我们的知识大都是通过母语获得的。没有学过英语的人,一般会非常娴熟地、得心应手地使用母语,但他们对母语的认识往往是非常有限的。相反,学习英语的很多人都有过这样的体会与经验:在学习英语之前,往往对很多母语词汇"只知其然而不知其所以然",只有当学习了英语之后,他们才能形成对这些母语词语的理性认识。

由此可见，学习英语不仅仅是获得知识的一种手段，也是获得一种新的认识方式和认识能力的途径。自觉对比教学法，就特别强调通过母语和外语的对比来提高学生的整个文化素养，发展他们的智力水平。因此，我们不应该因为语言而教授语言，而应该超越语言来教授语言，将语言的教育价值在深度和广度上进行挖掘和探索，而不应该仅仅将其作为一种语言知识和技能来教授。

2.语言与思维的关系

文化语言学认为，语言与思维是密切联系的统一整体，作为思维的物质载体的语言是思维得以存在和发展的媒介，语言能力的发展和思维能力的发展应当是相互促进、辩证统一的。

语言是人类文化的一种表现形式，它不但凝结了全部的人类文化成果，还将各个民族的文化（如思维方式、价值观念、审美情趣等）按照一定的结构形式（如词语的概念、组合、排列等）表现出来。通过对英汉词汇语义的对比我们可以发现，由于英汉两种语言分别产生和发展于不同的社会形态和历史背景之下，它们的词汇系统之间很少出现语义——对应的现象。英汉词义大部分都是不完全对应的，即介于完全对应与无对应之间。例如，英语中的 brother 既可以表示"哥哥"，也可以表示"弟弟"，而英语中的 cousin 一词囊括了旁系亲属同辈的所有男性和女性。相比之下，尽管汉语中有丰富的关于亲属关系的词汇，但是却无法实现与上述英语词汇的完全对应。

以上这种英汉词汇之间存在的差异实际上反映了英汉两个民族在社会背景、历史背景以及思维方式上的差异。中国深受两千年封建社会体制的影响，遵循以家庭为中心的等级制度，崇尚"君臣父子"的尊卑；而西方社会却不然，西方社会步入资本主义社会的时间较长，他们崇尚个体的独立，提倡个人解放，反而对家庭观念缺乏一定的重视，这就致使在表达亲属关系方面的词汇相对较少，反而表现个人独立意识的词汇和表达却相当丰富。例如，在英语国家中，人们认为 privacy（个人的隐私）是神圣不可侵犯的，在汉语中它却没有如此重要。

可见，学习语言不仅是学习词汇与语法，同时也是学习如何进入一种新的文化视野，经历一种新的思想观念的冲击，进而受一种不同环境下民族的思维方式的影响。如果英语教师能够对这一层面有着深刻的认识，那么必然会在教学中不断有目的、有计划、有意识地发展学生的认识能力和思维能力，使学生能够不断形成新的认识机制和感受机制。

### （二）提高学生认识能力的途径

要想在英语教学中不断提高学生的认识能力，就必须选择合理的教学途径和方法。具体来说，要做到以下两点：

1. 坚持以话语为中心的教学

英语教学经历了词本位教学（翻译法），到句本位教学（听说法），再到话语本位教学（交际法）的发展历程。

从语言与思维的关系来看，词是概念的表达形式，句子是判断的表现形式，话语是智力本质的推理活动的表现形式。语言与思维应该与话语相统一。侧重翻译的本位教学法和侧重听说的句本位教学法都脱离一定的思维活动，采用这两种方法的教学只会使学生机械、无意识地模仿和重复地活动，无法有效地锻炼学生的智力。在话语本位教学中，话语包含词语与语境之间的衔接连贯等因素，被视为是基本的言语交际单位，更体现语言的整体性及连贯性。

此外，话语分析和篇章语言学的兴起不仅为话语本位教学提供了一定的理论基础，还为其提供了一些具体的分析方法，并且使教学活动更为科学化和系统化。因此，英语教师不仅要掌握这些理论，还要将这些理论与具体的教学实践联系起来。

2. 坚持"文道统一"原则

众所周知，语言与思想是密不可分的，语言教学应当与思想教育活动统一起来，在教学过程中同时兼顾训练与思想教育两方面的内容，这就是所谓的"文道统一"。

传统的英语教学存在一定的弊端，如注重形式、轻视内容，注重技巧、轻视智能。语言是工具，但语言教育的目的是超越工具这一范畴，其宗旨是达到更高层次的教育目标。而坚持"文道统一"是实现这一教育目标的最好手段。具体来说，教师要做到以下几点：

（1）提高自身的素养。英语教学中存在着一条普遍的规律，即"自理同构律"，也就是说，教师将希望寄托在学生的每一种素质和能力上，而教师应在教学之前具备这些素质和能力。可见，要想有效地提高学生的认识能力，教师在备课中进行"智力投资"是首先必备的条件，只有首先经历了情感层次的智力体验，才能将这些体验转嫁到学生身上，让学生身临其境。

（2）在阅读教学中，教师应该对文章的整体层次和结构有一个深入的了解和认识，然后引导学生对其中有价值的、富有文化底蕴的内容进行挖掘和探讨，使学生在语言学习的过程中也能感受到真善美，人格也在不断地升华。这样的教学方式不仅提高了学生的认识能力，还提高了学生的人格修养。

## 四、充分利用多媒体、网络技术

与传统的大学英语教学相比，多媒体、网络教学给学生的英语学习创造了一个完全自由、自主的学习空间，其本身存在着很多的优势。

1. 计算机软件可以为学生提供地道的发音，生动形象地将知识内容呈现给学生，便于学生的理解和记忆。

2. 多媒体技术将图、文、影、像等教学资料统一地结合起来，让枯燥的文字充满色彩，这样的方式很容易激发学生的学习兴趣。多媒体、网络技术还突破了时空的限制，学生不必再拘泥于课堂学习，可在任何时间、地点进行自由的学习，这在增加学生学习时间的同时，还激发了学生的学习兴趣。

3. 网络技术为学生提供了充足的、自由的空间，让学生通过网络进行学习，同时教师也可以通过网络给学生布置任务、评定任务。这在一定程度上减轻了教师和学生的负担，有助于培养学生的自主学习能力。

因此，教师在教学中要充分利用多媒体、网络技术，最大限度地发挥多媒体、网络技术对英语教学的作用。

## 五、提升学生的文化素养

语言是文化的载体，是反映民族文化的一面镜子，语言与文化具有密不可分的关系。我们学习英语，不仅仅是学习英语这一门语言，还要学习英语背后所蕴含的丰富文化。

经济、技术、信息的交往和商品、资本、人员的流动使世界各国的文化突破了特定的地域环境和社会语境，融入全球性互动的文化网络之中。多元文化已成为文化的基本格局。在这样的时代背景下，文化素质的培养毫无疑问成为了大学英语教学的重要内容。

文化教学能够提升学生的国际理解力和竞争力，帮助他们用全面的眼光和角度来审视和认识本国与他国文化，从而积极有效地推进国家间的交流与合作。同时，文化教学还能帮助学生对本国文化产生更深刻的认识，增强他们的民族自尊心与自豪感，在跨文化交际中能把我们优秀的文化传统发扬光大，为世界文化的繁荣贡献自己的力量。

## 六、评估方法多元化

教学目标是否实现要依靠教学评估来检验，因此评估是大学英语教学的一个重要方面。

多年以来，大学英语教学采取单一、机械、落后的评估方式，忽视了英语教师对自己的教学和学生对教师的教学的评估，忽视了学生的自我评估和小组评估，过分夸大了评估的选拔作用而忽视了其反馈功能，不利于发展学生的合作精神，也不利于建立和谐的师生关系。

时代的进步对教学评估方式提出了新的要求，如测试中的客观题减少，主观题增加；终结性评估不再"独霸天下"，增加形成性评估权重等。随着人们对教学评估改革意识的增强，依赖网络实现的评估方式也逐渐发展起来。这些评估方式大多具有开放性、形成性和多维性的特点。例如，允许学生多次考试，让他们看到自己的进步和成功，尊重每位学生的学习速度、学习阶段和自我感受，让他们为完成学习任务而学习，而不是单纯为了应付考试。

# 第二章　新时代背景下大学英语听力教学

## 第一节　大学英语听力教学面临的问题

### 一、听力学习方面的问题

#### （一）语言知识障碍

1.语音障碍。有些学生对单词发音掌握不准确，特别是那些发音非常接近的词语，通常无法及时区分开。

2.语速障碍。一般来说，教师的授课语速相对来说比较慢，于是学生就养成了适应语速慢的习惯，导致他们只要一遇到语速快的听力内容就无法及时做出调节，尤其对一些需要连读、重读等变化，一时就会表现得手足无措。

3.词汇障碍。学生掌握的英语词汇量相对还是少一些的，不熟练、一词多义等情况都有可能导致学生理解上的偏差。

#### （二）母语干扰

相当一部分的大学生在接收到语音的刺激之后，都习惯用母语对其进行翻译之后直接理解，而不是经过一系列复杂的程序按照英语的习惯将其进行转化场景后再理解，这都是由于受到了母语的负迁移影响，而忽视了对英语思维的直接应用，最终的听力反应速度和记忆力都有不同程度的减弱。

#### （三）教学设计不合理、形式单一

从教师的角度来说，在大学英语教学阶段，很大一部分教学时间没有提前

给学生安排相应的听力教学，即使有，形式也是相对简单的，并且在课程的难易程度的设置上也是不太科学的，这一系列的原因都导致了课堂听力教学活动不能流畅地进行下去。因为每个学生的接受能力是存在一定差异的，而有的教师却不能正视这种差异，为了保持教学的一致性他们甚至会直接将听力材料公布出来，而且后续也没有进行相应的辅助活动，可想而知，这样的对照式听力训练是很难使听力得到有效提升的。

### （四）听力教学目标不明确

如果想将听力顺利进行下去并确保最终的听力教学是成功的，就要有明确的教学目标和要求。

在进行听力训练的过程中，教师相对于学生来说还是占有绝对的主导权的，如果学生在学习过程中遇到了问题可以及时反馈给教师并寻求帮助，以便教师将问题集中体现出来。但是也有部分教师在制订听力教学计划的时候，为了照顾大部分学生的学习进度而忽略学生间的差异性，从而使用一些过于笼统和概括性的词汇，如理解文章大意、听懂材料、完成目标等，这样的教学目标是缺乏一定的针对性的，由于缺乏阶段目标而只会是"眉毛胡子一把抓"，这样的教学效果也是无法令人满意的。

### （五）忽视听力训练

大学阶段之所以进行英语的听力训练，主要是为了让学生获得更多的实践练习的机会，从而掌握有效的方法，这样学习效果也会得到明显提升。只是有些大学英语教师在进行听力训练的过程中，由于无法系统地进行选择性的精细听力训练，而且也缺乏一定的针对性，对学生反馈的学习问题不能进行及时反思与解决。这主要是因为大学英语教师受传统教学模式的影响还是很深的，他们觉得只要多加练习，听力能力就能有效提升，殊不知这并非一个必然的因果关系。而且这种训练方式对学生来说也是比较枯燥和乏味的，这样的教学效果也可想而知。

## 二、教师方面的问题

目前，大部分高校的英语教师基本上将对学生的知识传授看成听力训练的重点，而相对忽视的那部分，即心理素质方面的培养却恰恰是听力教学所需要的。由于这种状况的存在，一部分学生会由于负面情绪的影响，无法在接收到听力的信号之后在最有效的时间内给出反馈。如果教师无法及时发现并帮助学生战胜这种学习过程中心理上的不安情绪，学生的听力学习将无法达到预期的目标。听力教学方面的研究一直在持续，其中有的学者就从心理的角度对影响学生的听力因素进行了分析，结果表明，很多学生的听力能力在训练初步与其他人是在同一起跑线上的，但是每个学生的心理素质是有差异的，如果学生的心理素质水平不是很好的话，在进行听力训练的过程中就会表现出极度的焦躁甚至是抗拒的心理。这样一来，如果与那些心理素质良好的学生进行对比的话，最终表现出的学习效果有天壤之别。从这个角度来说，教师在对大学生进行英语听力训练的时候，不仅要关注他们的学习能力的强弱，更重要的是要特别在意他们心理素质方面的塑造，如果发现有学生在学习过程中产生不良情绪反应，要及时提供帮助使其缓解，以保证最终的教学效果是令人满意的。

对大学英语听力教学产生影响的因素是多方面的，不只有心理方面的因素这一种，更重要的还有学生听力技巧训练方面的缺失。这样的后果就是学生在听力训练过程中缺乏目的性，无法达到最后的学习效果。

## 三、学生方面的问题

目前，制约我国大学生英语水平提升的因素是听力能力的不足，而且这个问题表现得越来越明显。其中的原因可以从以下 3 方面分析得出。

1.大学生平时的阅读知识面比较有限，导致了他们对英美文化的认识和了解只处于表面，对其英语水平的发展起到了一定的阻碍作用。如果学生没有办法从根本上了解英美国家的文化，那么他们对这些国家的思维方式和价值观也就不能很好地理解，就会在一定程度上阻碍听力能力的习得，也会影响对听力材料的理解。

2.因为我国的英语教学过程受到传统教学模式的影响相对明显，所以目前全国范围内的相当一部分大学有关英语听力方面的训练比较欠缺，再加上教学条件的限制，学生听英语的时间是比较少的，而且也缺乏必要的进行英语听力训练的环境，这就使得即使开展的是有关英语教学方面的研究，但是母语思维的负迁移作用也一直表现得比较突出。但是我们需要明白的是，这 2 种语言在表达上是存在很大区别的，只不过这种对母语的过分依赖对开展英语教学是没有多少正面影响的。如果时间长了，还会使学生的英语听力水平越来越低，而社会对学生的听力能力的期望和要求越来越高，等到这两者之间的矛盾达到顶峰无法调和的时候就会造成英语教学系统的崩溃。

3. 大学在进行英语听力教学的过程中会受到来自各方面因素的影响，而这些因素有内部和外部之分。其中，起到重要反面影响的内部因素是来自学习者的心理上的抗拒。目前，全国范围内的大部分高校依然还很看重大学生英语四、六级考试的成绩，因此将是否通过四、六级考试作为衡量学生英语能力的标准，这显然具有一定的片面性，而且整体地从对英语水平的掌握层面来说是不科学的也是不可取的。正因为学校过分看重，所以才使得学生也产生了理解上的误差，认为应试才是英语学习的初衷。还有就是大学英语四、六级考试的重点集中在对学生所掌握的基础语法的检测上，而有关听力测试的方面涉及得很有限。针对这种情况，有的学生就干脆采取迂回的考试策略，他们"弃车保帅"，认为自己的英语听力本来就不是强项，而且如果想要在短时间内得到提升需要花费大量的时间和精力，大学阶段的学习时间本来就很紧张，所以他们宁愿选择所占比例比较大的阅读理解作为主攻方向。这样，就算在考试中听力成绩不理想，也可以通过阅读理解来弥补，只要整体达标就可以了。如果从英语教学的整体目标来看，这是一种非常不可取的学习方式。

# 第二节　影响听力的因素

听力的好坏在很大程度上可以作为衡量一个人对语言能力的掌握程度的标准，而且这个过程完全处于无形的状态之下。但是实际上，大学生在进行英语听力的学习和训练过程中会受到很多因素的影响，其中比较常见的，是将这些因素概括为主观和客观两个方面。

## 一、影响听力的主观因素

大学生在进行英语学习的过程中受到主观因素的影响是多方面的，我们可以从以下方面展开分析。

### （一）学生的语言水平

对学生的语言水平造成一定影响的因素主要是其自身掌握的词汇量和语音知识，而且是非常重要的方面。

1. 词汇量

顾名思义，如果学生所具备的词汇量非常丰富的话，那么他们在进行听力训练的过程中就有可能因为懂得某个关键单词的意思而可以对文章进行推理，进而得出想要的答案。可见，词汇量的多少成了制约学生听力水平的一个重要原因。甚至有的研究表明，如果一篇文章中的生词占据了整篇听力材料的1/3，学习者就会失去继续听下去的耐心。例如，比较常见的是英美两国也通过使用不同的单词来表达相同的内容，如在表示"洗手间"这一个意思时，英国人习惯使用的是 toilet，而美国人的习惯是 washroom，如果学生对这一区别不是很理解的话，那么当学生在听力材料中听到有关这 2 个词时就会由于词汇量的匮乏而无法理解文章的意思，从而导致听力水平无法有效提升。

2. 语音方面的知识

学生掌握语音方面的知识对学习英语听力来说同样重要，正确的发音是交流可以顺利进行的前提。很多学生都有着这样一个困扰：自己平时非常熟悉或者是认识的单词以及短语只要一放到听力材料中就会变得很难分辨出来，以至于不能很好地理解听力内容。其实究其原因我们不难发现，根源还是在于语音。由于学习者一开始就没有掌握和使用正确的语音，所以他们在进行听力的过程中，就算是听到了熟悉的单词也无法辨析出其意思进而理解整篇听力材料的内容。其实造成这种结果的原因主要有以下三个方面：学生的害羞心理、母语方言的影响、平时忽视对语音知识方面的训练。

## （二）背景知识

一般来说，语言承载的是一个国家的文化底蕴，是文化的一种外在表现形式，其文化内涵是渗透在语言中的，这就决定了如果学生们要想习得一门精通的语言，那么他就要对以这种语言为母语的国家的文化及背景有一定的深刻认识。此外，该国家的人文背景、风土人情也是需要学生重点了解的内容。而对学生来说，由于没有掌握足够的文化背景，所以在一定程度上也影响了听力的提升。

## （三）学习者的记忆力与注意力

1. 学习者的记忆力

从认知心理学的角度出发，我们将一个完整的听力理解过程看成由一个短期记忆、长期记忆和感知记忆共同作用的体系。我们需要注意的是，在这一体系中具有突出作用的是感知记忆，其作用主要是用来接收信息。信息虽然会源源不断地向我们传输，但是我们接收到的却是相对有限的。这个感知信息的过程就可以看成感知记忆发挥作用的过程——有一部分的信息会在感知记忆阶段被识别出来，然后再通过感知材料和长期记忆中的某些信息的共同作用形成一个对语言进行编码的过程。而这种信息编码的过程可以在两种方式的作用下达到短期记忆的目的：其一是那些经过识别的信息，可以直接转化为短期记忆而被接受；其二是如果感知材料与长期记忆的信息发生了某些联系，一部分长期记忆的信息就可以向短期记忆转化。而这个过程中转化为短期记忆的信息就可以看成备受关注的信息和可以通过语言形式表述出来的信息。关于这方面的信息，很多学者都对其进行了研究和讨论。在他们看来，学习者的短时记忆是在听力过程中起到主要作用的影响因素。也就是说，如果一个学生的短期记忆力非常好的话，那么他就会在英语听力的过程中识别出很多的细节上的东西，其对听力材料的理解也会比其他人出色一些。

2. 学习者的注意力

注意力是一个很抽象的东西，不可能通过观察来进行细致描述，甚至也很难对每一个细节做出解释，于是久而久之人们就逐渐淡忘了这一因素对学习者英语听力水平所产生的影响。但是学术界有关注意力的研究一直没有停止过，很多学者都有自己不同的见解和认识。其中具有代表性的理论要数 Rubin 了，他经过研究后发现听力训练者在听材料时的注意力会对记忆力产生一定影响，再扩展开来的话就上升到了对整篇听力材料内容的理解层面。此外，认知心理学理论也认为人们是可以对听力材料进行适当加工的，而这个加工过程又有自动过程和控制过程的区别，但是这两者之间是存在一定差异的。自动过程比较容易实现，不会浪费太多的精力和时间；而控制过程则需要注意力方面的参与。只不过还有一种例外的情况，那就是当自动过程处于一种比较低的程度的时候，注意力是可以发生质变然后直接作为控制因素来进行使用的。

### （四）情感和心理因素

学习者听力水平的高低不仅受到外界因素的影响，其自身内在的情感和心理因素也成了制约听力提高的重要方面。心理学家表示，如果一个人在情绪非常焦躁、惶恐的状态下，心里就会产生一种无法安静的情绪，如此一来，就算是原来可以听懂的简单内容也会变得难以听懂。

1.学习态度

态度是开展一切活动的前提，良好的态度造就美好的结果。英语听力训练是一个需要和学习进行互动的过程，如此一来，学生对听力学习所持有的态度就发挥出了重要作用。从某种程度来说，一个人的英语听力的提高是与其自身付出的努力成正比的。也就是说，学生只有以积极的态度全身心投入到学习中，才有可能战胜其他一切外来因素的干扰，将主观能动性发挥到极致，从而使英语听力平稳提升。

2.学习信心

信心对想要达成某一目标来说具有很强的心理暗示作用，也可以说是取得成功的充要条件。虽然我们知道，英语听力学习不是一个简单的过程，在这其中会遇到来自多方面的考验。这时候就需要学习者坚定自己的信念，相信自己可以完成目标并取得最终的胜利。反之，如果学习者在英语学习过程中一遇到挫折就开始打退堂鼓，觉得自己是不可能做到的，怀疑自己的能力，那么最终还真的有可能以失败告终。这种情况映射到英语听力学习中也是如此，如果一开始就没有自信，对听到的材料内容持怀疑的态度，那么日后听力提高就会很困难。

## 二、影响听力的客观方面的因素

影响听力能力提升的客观方面的因素是比较容易看出来的，主要有两部分，即听力材料的影响和外部环境。

### （一）听力材料不足

就现在的大学英语教学现状来说，高校内所使用的听力材料有很大一部分都是英语教师自主选择或是没有经过系统分析的，与学生的阶段能力不匹配。所以需要教师从学生的实际出发，选择一些具有针对性的联系材料，否则即使进行再多的听力练习，其结果也都是事倍功半。这就在一定程度上影响了我国大学生的听力的培养。

### （二）环境因素

高校开展英语教学的总课时是一定的，因此可以用于英语听力训练的时间是非常有限的，甚至可以说是少得可怜。英语教师如果想让学生们在特定的环境下来提高英语听力，就只能自己想办法挤出一点零散的时间来对学生进行训练。

# 第三节　大学英语听力教学的内容和目标

## 一、大学英语听力教学的内容

英语听力的教学内容也不是一成不变的，会随着改革进程的变化而发生变化。新阶段的英语听力教学内容主要包括听力技能、听力知识和听力理解三个方面。

### （一）听力技能

大学生英语水平的提升有时候是需要依赖大学生的英语听力技巧的支持的。而相对合理的方法和技巧可以为学生日后的跨文化交际能力的提高提供一定的支持。

1. 基本听力技巧

听力技巧主要内容包括猜测词语的意思，然后根据所听的单词内容进行前后文的联想和猜测等。掌握了正确的听力技巧，可以在有限的时间内提升听力水平。例如，学生在和他人交流或者是听力材料的练习过程中，是可以根据说话者的一些微表情来大胆猜测，对句子或者是文章意思进行推理的。从这个角度来说，对学生展开听力技巧的训练是很有必要的。

2. 基本听力技能

听力技能主要包括辨音、对交际信息的辨别、对细节的理解、大意理解能力、记笔记以及选择注意力等方面内容。

教师需要认识到，听力水平的提升是一个循序渐进的过程，并不是短时间就可以收到显著效果的，需要长期的有针对性的训练。此外，还要注意学生的个性特征因素的影响。因为学生是具有差异性的，各自的英语能力参差不齐，所以教师还要考虑个性教育方式。

### （二）听力知识

听力基础知识是学生英语听力技能培养与提高的基础，主要包括语音知识、语用知识、策略知识、文化知识等。

### （三）听力理解

我们在进行英语听力训练的时候，需要在心里有一个清楚的认识，那就是不管进行听力知识学习还是听力技能的训炼，最终都是为理解文章做准备的。语言的应用过程是非常复杂的，会根据适用场合或交际目的及对象的不同而发生一些变化，因此，在交际过程中能正确理解对方的语义成了英语听力教学中的一个难题。这就要求教师在开展英语听力教学的时候不能只让学生将注意力集中在理解字面意思上，学生的能力应该上升到理解单词或句子背后的深意的层面，从而使得其英语综合能力水平实现大幅度的进步。总体来说，提高英语听力水平可以从以下三个阶段入手，即辨析、重组和评价阶段。只不过这三个阶段是一个不断进步的、不可逆转的过程，任何形式的听力练习都需要经过这样一个过程才能对学生有实质性的帮助。

## 二、大学英语听力教学的目标

英语人才的培养还需要依赖听力教学的支持。教师在实施教学的过程中需要时刻以《大学英语课程教学要求》的规则为前提，从而使教学的方法和目标做到有据可依。而《大学英语课程教学要求》也对大学生英语听力教学所要达到的目标进行了划分。

1. 一般要求

（1）基本理解英语课堂内容。

（2）运用简单的英语听力方法进行听力练习。

（3）语速适中时听懂（每分钟 130 ~ 150 词）的英语广播和电视节目，基本上理解中心思想并概括出大意。

（4）可以听懂日常的英语对话和知识讲座。

2. 较高要求

（1）可以基本听懂英语环境下的专业课程讲授。

（2）可以基本听懂理解范围内的篇幅较长的英语广播和电视节目，语速达到每分钟 150 ~ 180 词，可以掌握细节，理解重点。

（3）可以听懂英语谈话和讲座。

3. 更高要求

（1）可以基本理解英文类的广播或电视节目的大意。

（2）基本理解以英语进行讲解的专业课程或讲座。

（3）可以听懂以英语为母语国家的人的交流和谈话。

以上 3 种要求是对大学生英语听力教学目标的一种简单的划分方式，不过从中我们也可以粗略看出英语听力的重点还是围绕对听力材料的理解和运用展开的。针对这一点，大学英语教师在进行听力训练设计时就需要以这点为根据对教学活动进行科学整合，以达到使教学效果有效提升的目的。

# 第四节　大学英语听力教学新方法

大学阶段英语听力教学是需要一定的科学方法来作为指导的，这样才可以使得英语教学效果科学提升。随着各高校英语教学改革进程的推进，对英语听力教学的研究也逐步深入。只不过这个过程是需要一定的时间的，而不要在短时间内急于求成。同时这也决定了英语教师在进行听力教学时选择的方法需要从实际出发，要与实际的教学条件和学生的学习能力相适应。总体来说，如果要对听力教学进行划分的话我们可以从不同的阶段入手，因此就有了初级和高级之分。初级阶段的重点是要弄清楚学生对听力学习的兴趣高低，而高级阶段就上升到了知识技能层面。以下便是分别从这两个阶段出发所总结出的相适应的提升英语听力的方法。

## 一、初级阶段教学方法

语音是影响听力能力的一个重要方面，甚至可以说是前提。而语音能力又包括听音、辨音两个方面，因此学生在进行初级阶段的听力训练时要特别注意这方面能力的提升。

### （一）根据听力材料默写

在听力训练过程中根据听力材料进行默写是一种非常有效的促进听力提升的方式。听音默写的过程同时也是学生的一系列认知活动开展的过程。

听音默写的作用对于学生来说，一方面可以锻炼听音能力，另一方面在听音的过程中也会对其意思进行快速识别，可以说是一举两得。

在听音默写的过程中，学生在锻炼自己语音的同时也加深了对单词的印象。

另外，这种方法也同样适用于听句子和短文。只不过学生在整个过程中需要高度集中注意力，从脑海中的知识储备库内快速检索出所需的内容，这样才能使能力持续地提升。

### （二）根据单词辨音

大学英语听力还需要依靠足够的词汇量作为强有力的后盾。学生所掌握的词语的质量和数量直接制约着其对听力材料中单词的理解能力。从这个角度来说，在听力教学的过程中同样需要重视对学生词汇方面的教学。

### （三）听和音的匹配

听和音的匹配主要是通过文本和图片两种形式来体现的。匹配可以在听的整个过程中使用，包括前、中、后三个阶段。其中，在活动前匹配的目的是为后续的听力训练打下良好基础。而在活动中的匹配则对形式有了一定的要求，这都为后面阶段的匹配做好了准备。

### （四）行为反应

听力的实践过程实际上就是学生的反应过程，他们根据所接收到的不同信息然后经过识别后做出相应的反应，并使交流可以持续下去。所以在实际的教学过程中需要在行为反应方式的帮助下对学生的听力能力展开训练，以便为日后的交际打下坚实的基础。

### （五）根据声音观看影片

英语对于我国来说是一种外来语言，是作为第二语言来进行学习的，这就导致了在实际的英语使用过程中缺乏一定的语言环境的支持，在一定程度上影响了学生对英语的学习兴趣。而学生对英语听力的学习兴趣直接影响着教学成果的好坏，可见，在实际的英语听力教学过程中调动学生的兴趣和积极性是至关重要的。根据声音观看影片的方式是提高学生听力兴趣的一种重要方式。

在这一过程中，教师可以根据学生的能力按照以下步骤来安排教学：

1.反复播放 1 ~ 3 遍录音，学生可以一边听一边跟着重复练习。

2.在听影片的过程中，如果遇到不理解的词语时要及时记下，然后在影片结束的时候要趁热打铁通过查字典的方式来找到适合影片语境的合理解释。

3.教师在影片结束以后要对学生的掌握情况进行及时检测，可以使用的方法包括用英语来回答教师所提问题、将影片中的经典台词进行口译以及进行复述等形式。

4.让学生分段听标准录音（或唱片）。

### （六）排序练习

以排序的方式进行练习也是英语听力训练过程中经常会用到的一种方式，可以在一定程度上提高学生的识别和理解能力。此外，排序的方式也并不是一成不变的而是多种多样的，排序的依据可以是事件的先后顺序、故事发展的经过顺序等，学生可以根据操作步骤进行排序，甚至还可以根据信息出现在录音材料中的先后顺序来进行先后划分。

## 二、高级阶段教学方法

初级阶段是一个入门和打基础的阶段，其目的是让大学生对英语语音有一个初步认识，而到了高级阶段要求就会相应提升，目的也上升到了技能提升的高度。通常教师可以利用以下四个技巧促使技能的快速提升。

### （一）猜测词义

在听力实践过程中，学生清楚地听清每一个单词是不容易做到的，在这种情况下根据词义猜测的方式进行句意的理解就显得很有必要了。

通常，一篇文章中也并不是所有的信息都是有效和重要的，学生要做到的就是要能够识别和区分哪些信息是重要的，哪些信息是次要的，而哪些信息又是不重要的。一般重要的信息在文章中会反复出现，学生要注意识别。所以，即使有些信息没有听懂也没有太大关系，因为只要后面没有再次提起，我们就可以将其划分到不重要的行列，然后忽略掉。但是，如果后文对它进行了进一步的解释和说明，我们就可以判定这一类信息属于比较重要的信息的范畴，对其进行理解可以帮助理解全文内容。因此，面对这种词语我们再根据前后文的描述进行猜测也不迟。

### （二）笔记记录

教师在教学过程中可以根据自己丰富的教学经验向学生传授一些实用性强的进行听力记录的方法。笔记不可能、也没有必要记得很完整，因此教师要教会学生使用一些容易使用和理解的符号或缩写把与题干有紧密联系的信息记下来，如时间、地点、数量、年龄、价码等数字和关键词，这其实也是一种速记方法。当然如果学生有自己的一套记忆方法也是可以的，同时也可以将这种方法分享给其他人。

### （三）细节把握

英语的听力训练是特别考验学生对细节的整体把握的，因为有时答案可能就隐藏在问题中，需要学生足够细心才可以发现，而这也往往是学生很难注意到的。这些问题中的细节往往与 5 个 W（when，where，why，who，what）问题有关，认识到这些规律，就能准确理解听力的内容。在实际的练习中不妨试试这种方法。

### （四）抓住重点

很多听力水平不高的学生，在听力练习中习惯将注意力平均分配在每个单词上，从而造成精力分散，无法从整体上把握句子的重点。因此，听取信息时应该有所侧重，即要听主要内容和主题问题，捕捉主题句和关键词，避开无关紧要的内容。因此，大学英语教师在进行方法传授时要让学生树立抓重点的意识，并要经常针对这方面进行练习。

# 第三章 新时代背景下大学英语听力教学改革研究

## 第一节 大学英语听力策略培训模式

### 一、判断学生的策略需要

首先一步是评估学习者的需要。这是特别重要的一步。因策略训练要有针对性，要考虑学习者因素，对不同学习类型的学习者使用不同的学习策略，而不是将一些所谓的最好策略灌输给他们；因此不能忽视对学习者培训前使用的策略的调查评估。教师应能较清楚地了解学生现有的听力水平、学习方法、学习风格，平时所使用的学习策略以及所喜欢的学习策略，这样在教学设计中才能有的放矢。而且只有了解了学习者究竟缺少或不能充分利用哪些策略，找出学生的困难，才有可能让培训有意义，才可能评判培训策略的有效性。训练计划的拟定要适合学生的实际语言水平，做到难易适中。训练形式要多样化。可采取集中训练、分散训练和个别指导相结合，短期计划和长期计划相结合的形式。形成一种从确立短期计划到实现计划，再确立新的短期计划，最终实现长期计划的良性循环过程。拟定计划后，根据学习者的语言水平、策略类型，选择合适的材料。材料的选择也是教学中一个关键的环节。教师最好能选择一些适合策略培养的听力材料，有一定的针对性，每份材料适合某种策略的教学。同时也可以在统一规定的材料的基础上进行归纳总结，重新编排布置，或在完成现有内容的同时增添部分听力材料，真正满足学生对策略指导的要求。

## 二、实施控制性策略训练

策略介绍和示范的目的就是让学习者选择适合自己的策略，了解某些策略的可行性和有效性，掌握策略的具体操作，从而提高学习者综合运用策略的能力，避免使用单一思维模式。在一堂听力课开始前教师应先让学生了解将听到哪方面内容，学习何种策略。教师应向学生描述和解释所学的某项具体策略方法，告诉他们为什么以及何时使用这种策略。必要时可对这种策略方法的使用进行示范，让学生能有一种直观的感受。然后再让学生进行具体的听力训练，通过特定材料的收听，让学生练习教师所示范的策略方法。在训练过程中，通过实施训练反馈和调控，教师可及时了解学生运用策略的情况，纠正不当的操作方法，调控训练进度和策略类型。

## 三、评估策略训练

在听力活动结束后，教师应立刻对学生的策略使用状况展开讨论，让学生对自己的策略使用进行评估，并分析自己经历了一个怎样的心理过程，在何处以及如何使用这种策略，是否达到了听力目的等。训练评估可从自我评估、教师评估和同伴评估三方面进行。通过评估，学习者建立起自己的评价标准，衡量训练进展情况，学会不断自我挑战，培养自主活动能力。肯定成绩以增强学习信心。同时，教师要对每一训练阶段进行训练前后的成绩对比，帮助学习者了解哪些策略在训练哪些语言技能方面起作用，总结出适合学习者个人的训练模式，为今后的长期自我训练打下良好的基础。

## 四、修订策略训练

策略训练的修订是训练成功必不可少的一步。学生的反馈能为教师提供有用的参考意见。因此教师需根据具体情况修订或完善策略训练，这也就回到了第一步。

总之，听力策略的教授可以帮助学生克服或降低对听力理解活动的焦虑，增强自信心，提高他们的听力理解能力。从长远角度来看，听力策略教授还可以改进学生学习态度，培养学习自主性。从文中讨论的听力策略训练的可行步骤及方法来看，大学英语听力教学中加入听力策略训练不仅是必要的也是可行的。

# 第二节 大学英语听力教学中的策略

## 一、大学英语听力教学现状

### （一）课程设置不合理和班级规模大

平均每周一个课时很难满足大学生提升英语听力能力的需要。同时，学生口语能力的训练被忽视。英语口语与听力的关系十分密切，人对自己能够表达的话语内容更为敏感，也更易理解。在传统的大学英语课堂上，教师忙于完成教学任务，注重对语法、单词的传授，从而忽视了对学生口语能力的训练。即使在视听说课上，学生真正能够获得口语锻炼的机会也相当少。班级规模较大也是造成学生听说能力薄弱的原因之一，平均每班近50名学生，教师无法对每个学生的听说训练进行指导和点评，很多学生在课程学习中也心不在焉，听说能力得不到有效提高。

### （二）学生缺乏英语学习的积极性

虽然大学生已经接受过多年英语教育，但是大部分学生无法快速有效地提升自己的英语听力成绩，对英语逐渐产生了畏难和懒惰心理，学习英语的积极性严重受挫。学生上课时羞于开口说英语，口语能力也无法得到提高。学生单词量的提高也十分缓慢，更不用说对单词读音的正确掌握和辨别了。由于平时不注重阅读西方文化的相关书籍，学生对于英、美等说英语的国家的文化的了解不够，无法将自身的中式思维转变成西式思维，加大了考试中正确解题的难度。

### （三）传统听力课堂教学模式陈旧

在听力课堂教学中，教师仍然遵循传统的教学方式。偏重对单词和语法的讲解以及应试技巧的讲授，而忽视了学生在学习过程中的主观能动性和主体地位，使学生处于被动、消极地接受知识的境地。这种教学模式对于学生英语听力水平的提高效果不大。

## 二、大学英语教学策略

在听、说、读、写四项语言技能中，听是十分重要的一种技能。根据第二语言习得理论，语言的输入是语言习得最基本的条件，没有语言输入就不会有语言习得。听力作为一种输入型技能在学生的语言习得中占有十分重要的地位。根据美国外语教学法专家里费斯和坦伯利的统计，听在交际活动中所占的比例高达45%。因此，在外语教学中，要发展学习者的语言能力，从而达到流利地用英语与英语本族语者进行交际的目的，听力起着极其重要的作用。然而，我国的英语教学在语言输入方面往往单纯强调视觉输入（阅读），忽略听觉输入（听力），从而导致大多数英语学习者的听力理解能力很差，严重影响语言的吸收，影响交际能力的培养。即使那些通过英语四、六级考试的学习者，其实际听力理解能力也很弱。究其原因，一方面是由于听力的教学时间远少于阅读时间，另一方面，在外语界，学生的听力策略训练指导尚未引起人们的足够重视，也落后于阅读技巧的指导。因此，要想提高听力理解能力，从而提高全面的语言能力，首先，需要了解学习策略在英语听力教学中的具体体现，并在此基础上实施有针对性的策略指导。

大多数认知心理学家都较赞同 O'Malley 和 Chamot 对学习策略的分类方法，即将学习策略分为三大类：元认知策略、认知策略和社会 / 情感策略。外语听力策略是以学习策略为理论框架，属于学习策略中的一种。因此，听力策略亦可分为三大类。

1. 元认知策略

元认知策略主要涉及语言学习者为促进某一学习活动的顺利完成而采取的计划、监控和评估等行动。元认知策略主要包括计划、集中注意力、监控及评估等策略。

（1）计划策略

《英语专业教学大纲》对听力有明确的要求：二级要求学生能听懂 VOA 慢速新闻广播；四级要求能听懂难度中等的（如：TOEFL）的听力材料，理解大意，领会作者的态度、感情和真实意图，听懂 VOA 正常语速和 BBC 新闻节目的主要内容。大纲的要求可作为学生中期和长期的目标。每个学生应根据自身的情况制订短期目标，如语音差的学生可以先从听音、辨音、弄懂单词发音开始。每周听辨几个容易混淆的音素、单词，逐渐掌握连读、失去爆破、弱读等语音技巧；对于听力好的学生可以每周听写 2—3 条 VOA 慢速新闻。一旦计划确定，每个学生必须按计划切切实实地实施，每两周交一次新闻听写作业，教师进行批改。

（2）集中注意力策略

集中注意力是听力理解中很重要的策略，包括两方面：一是集中全部注意力去听，二是有选择地注意某些信息。在听的过程中学生一旦发现自己注意力不集中，停下来思考或纠缠于某个单词时，一定要及时调整注意力，跟上说话者的思路。不仅要集中注意力，还要有选择地集中注意力，教师应培养学生选择主要信息、分清主次的能力。例如，听有关灾难事故的新闻时，教师有必要列出特别需要注意的信息，如灾难事故发生的时间、地点、原因、伤亡人数及救援状况等，要求学生在听音的时候要特别注意这些信息。而在听长篇文章时，教师应指导学生把注意力集中在说话者的思路上，从整体上把握大意，而不要把注意力放在听懂所有的单词上。

（3）监控策略与评估策略

监控策略是指学习活动进行过程中依据学习的目标对学习计划中的学习进程、学习方法、效果、计划执行情况等方面进行有意识的监控，如：监控自己是否领会了学习内容，自己采用的学习策略是否适当，自己的注意力是否集中，等等。自我评估策略是指学习者回顾自己的学习，如在完成某项语言任务时做得怎样。自我评估一方面可以检查自己是否听懂了材料或听懂了多少，另一方面可以评估自己的听力水平经过一段时间的训练是否有所进步。

2. 认知策略

认知策略与具体的语言学习任务直接相关。它对语言学习的效果是直接的、具体的，可操作性较强，在听力教学中对学生的作用也是很明显的。结合听力理解的特征，听力学习中的认知策略可概括为预测、联想发挥、利用关键词句、利用语法知识、做笔记、推理等。

（1）预测

学生在听力训练或测试中善于运用已知信息材料的题材、语言及内容进行预测会大大提高听的效率。因为听力过程并非像录音机那样被动地接受有声材料，而是不自觉地对听到的信息进行积极的预测，筛选，释义和总结等一系列的心理加工，尤其是在听者外语听力的理解水平达到中级以上之后，情况更是如此。这一技巧在听力材料只放一遍的考试中更显得十分重要。

（2）联想发挥

联系已有的先验知识（包括文化背景、生活常识等）的相关信息来理解听力材料。

（3）关键词句

关键词一般指最能反映场所、环境以及特征方面的词。在听对话时，只要抓住其中一个词，就能判断出主要内容（如：cash/account 与 bank 有关）。关键词有时也指带有否定意义的副词、形容词、代词、转折词、连词及某些词组等。重点句在语篇中通常指主题句或能体现重点信息的句子。

（4）语法知识

通过运用语法知识（如虚拟语气、定语从句）辨别语篇标记词，或分析长句的结构来帮助理解。

（5）记笔记

记笔记需要知道记什么和怎么记。是边听边记关键词和重要信息，还是听懂一段话以后概括其主要意思并记录下来，或者画图，或者列提纲等，要依内容来决定。例如，听音时用树状图概括一个段落的中心思想，用流线图解释复杂的工艺流程都是应用认知策略来解决听力问题的常见例子。这些技巧有利于生成新的意义并减轻短时记忆的负担，从而可以促使学生更加集中精力来理解新的听力材料。

（6）推理

借助背景声音、说话者的语气语调、说话者的态度等非语言信息来判定谈话发生的地点和说话者之间的关系等；还可以运用从听力材料中获得的已知信息来对结果做出推论；在做听写练习或单词填空题时，借助听懂的内容或题目中给出的部分词语进行推断。

3. 社会／情感策略

社会／情感策略是语言学习者为促进某一学习任务的完成而跟别人进行交流，或自己控制情绪、消除不安或疑虑等策略。

（1）社会策略

听力学习中的社会策略主要体现在对疑难问题的解释、澄清以及与他人的交流合作中。其中与他人的交流合作主要表现在对他人学习经验的反应，以及在学习过程中学习方法的交流。这和元认知策略中的评估策略有一定的相似之处。但评估策略更多强调对自身学习过程的评价和衡量，而社会策略则更多地涉及与他人的合作，向他人学习并获得帮助的过程。

（2）情感策略

听力学习中的情感策略则强调听者在听力过程中能够控制自己的焦虑情绪，调整心理状态，以达到最佳听力效果。Krashen 的情感过滤假设认为，如果学生学习的情感过滤程度低，不是在焦虑的状态下学习，语言习得的能力就容易提高。相反，如果学生心情紧张、信心差、焦虑感多的话，就会经常处于一种越听不懂，越灰心丧气，越不敢听或不想听的状态。因此，学生要充分意识到情感策略，即控制自己情绪的策略对自己听力学习的重要影响，学会调整自己的状态，充满信心地投入到学习过程中。此外，教师也应尽量帮助学生减轻心理负担和心理压力，消除焦虑，使学生发挥应有水平，达到好的听力理解效果。

我们一直重视探讨语言教师如何传授知识，但作为语言学习的主体，学生的学习过程，学生如何内化语言也是我们语言教师所要关注的东西。因为语言学习过程不仅是语言知识和语用知识综合的过程，也是学习策略的操作过程。学习策略是影响学生成绩的一个变量，它和学生成绩的提高起着相关作用。教师在听力教学中指导学生运用认知策略、元认知策略和社会 / 情感策略，可以使学生更加积极主动，更加有效地进行听力训练，最终达到提高听力学习成绩的目的。

## 三、素质教育背景下改革大学英语听力教学的途径

21 世纪的社会竞争越来越激烈，社会各个行业希望从业人员具有良好的英语应用能力，提升大学生的英语听力势在必行，要从以下几点入手：

### （一）激发学生英语学习积极性，建立良好的师生关系

学生是英语学习的主体，是自身英语成绩提高的主要因素。因此，激发学生学习英语的兴趣和积极性是英语教学的第一步。打破教师在学生心目中严肃、古板和高高在上的印象，但又不能有失权威性，与学生建立起一种平等、互信与合作的良好师生关系，在激发学生学习英语的积极性方面尤为重要。"事实证明，学生一旦喜欢某个任课教师，就会对他所教的课发生兴趣，在师生之间产生一条流畅的情感和心理通道，使得教师能进行有效的施教，使学生的学习发生质的变化。"教师理应将自己摆在与学生平等的地位，这样整个教学过程

会在一种轻松愉快的氛围中进行，学生就不会产生抵触、焦虑和紧张的情绪。这样，学生就会愿意听教师所讲，也会乐于表达自己所想。教师需保持自己的权威性，表现出高水平的专业素养和业务能力，赢得学生的信任与合作，才能让学生完成教师制订的学习任务，自觉进行单词记忆和语法操练。除此之外，教师对学生取得的进步和做出的努力都应给予相应的表扬和鼓励，让学生内心产生成就感和自豪感，学生才会有源源不断的学习英语的动力。

### （二）大学英语听力教学的有效途径

1. 课前准备

在真正进入某一堂课内容的讲授之前，教师应要求学生对将要讲授的内容进行预习，借助网络、书籍和杂志等多种手段搜集与听力内容主题相关的材料，并进行分类整理，在课堂上与其他同学进行交流、分享，或者学生可以选择做有演示文档（PPT）辅助的课堂展示（presentation）。教师也应做大量的课前准备工作，对学生的陈述进行补充，介绍听力材料相关的历史、地理、政治概况、风土人情、文化习俗和名人逸事等学生喜闻乐见的内容。介绍时须配以一定量的图片，条件允许的情况下可以穿插视频，让学生更直接地接收信息，教师还要注意使用的语言要风趣幽默。这样做的意义在于，首先，让学生熟悉听力材料的相关内容有助于学生理解。其次，学生自行查阅相关内容，准备课堂展示的过程可以使学生接触到听力材料相关的词汇和句型，通过自学收获的知识大于从教师处被动获取的知识，并且，通过与其他同学的交流和分享，可以使学生听力和口语的能力得到锻炼。另外，整个课前准备的过程，无论是由教师还是学生完成的部分，都能有效地激发学生的学习兴趣。

2. 课堂教学

（1）培养学生听力技巧和正确的听力习惯

听力技巧的传授和听力习惯的培养是必不可少的。做听力练习之前，要求学生务必要审题，对可能听到的问题进行预测。听完后快速复述所听到的内容，把握关键信息。有时，关键信息可能只是某个词。在平时的训练中，要提醒学生注意将自己的中式思维转变成西式思维，从而正确推测、揣摩说话人的隐含意思。

（2）结合听力材料的话题进行口语训练

如前所述，传统的大学英语听力课堂只重视对学生听力技巧的培养，忽视了学生口语能力的提高，即使是在视听说课上，留给学生口语练习的时间也不多。这种重听力、轻口语的做法收获不到很大的成效。人们对自己能够表达的信息是较为敏感的。因此，学生的英语口语能力对听力的提高至关重要。教育工作者应该有意识地在平时的英语听力课和综合课上给予学生足够的英语口语训练时间。至于口语训练的话题，可以与大学英语四级考试紧密联系起来。大学英语四级考试听力部分，即短对话（short conversations）、长对话（long conversations）和短文（short passages），所涉及的话题，或考查到的问题，包括人物关系、建议措施、地点场景、行为预测和意义解释等。让学生就上述的某一话题，结合历年考试中围绕这一话题出现过的重点单词，两人或四人组成一个小组编写对话并练习。要求必须具备所发生事件完整的起承转合，鼓励学生在对话中使用倒装句、强调句和虚拟语气等大学英语四级考试考查的重点语法。以听力考试考查的学校场景为例，学生可以使用到的单词和词组包括：academi（学术的）、major（专业）、grade（分数）、librarian（图书管理员）、overdue（超期）、fine（罚款）、renew（续借）、thesis/paper（论文）、assignment（作业）、professor（教授）、lecturer（讲师）、teaching assistant（助教）、stimulating（令人兴奋的）、tuition（学费）、credit（学分）、semeste（学期）、seminar（研讨会）、notes（笔记）、take down（记下）、turn to（向某人求助）、doze off（打瞌睡）等。学生使用这些单词和词组组成对话并演练，然后在课堂上表演出来，让教师和同学对其单词发音和内容方面进行点评，使学生及时了解自己需要改进的地方。学生甚至可以模仿考试，就自己所表演的对话提问，由其他学生回答反复几次之后，学生会对这些单词的用法和读音较为熟悉，在录音中就能将它们辨别出来。长此以往，学生的英语听力水平必定有所提高。这样做，教师成为"教学过程的组织者、指导者、意义建构的帮助者、促进者"，同时，通过由学生自己设置情境的对话练习，强调了建构主义者所倡导的"情境"在教学中的作用。

（3）自上而下与自下而上双向方式提高听的能力

视听过程中，教师着眼于语篇水平的理解，着手于语句水平的训练，培养学生具备抓住细节意义，从而达到深刻领会通篇意义的能力。在课堂上，教师先放视听材料，使学生把注意力放在对篇章的总体把握上。也就是把重点放在语篇的理解上，而不把思维停留在具体的单词和语句上。其目的是让他们体验交际的真正过程。在这一过程中，学生必须主动利用已有的图式知识进行假设、思考、判断、证实。经过对文章总体的提问及讨论之后，教师对难词及注释给予解释。第一遍视听训练宗旨就是要培养学生积极思维的习惯，提高在语篇水平上的理解能力。这是听力所要达到的最终目标。因为我们学习语言就是要进行交际。而在日常交际中，人们经常会靠通篇的上下文、对话双方体态语来释义。而且除非有特殊情况，听者在交际中很少有第二次重复听的机会。为了确保听懂口语材料，教师在辨音方面应使学生掌握连读、失去爆破、省音、同化等技巧，在语流中练习词句重音、节奏、语调。有了这些基础之后，第二遍训练重点就可以培养学生听写语句、语段等语言技能。可以在句子水平上反复听同一句话（难句或重点句），直到学生给出正确的答案，确保对语句的理解。重点句子听懂之后，再分段听和视听。在这一过程中学生还应根据上下文逻辑关系、已有的先前知识、生活经验、词的前后缀知识来加速听力理解进程。

（4）利用英文歌曲进行教学

歌曲是大部分学生喜欢的艺术形式。将歌词难度适中、节奏较慢的歌曲作为听力材料，让学生进行听写练习，可以诱发学生的听音兴趣。教唱英文歌曲可以使学生自我纠正英语单词的错误发音。同时，利用英文歌曲进行教学也是改变课堂枯燥氛围，使学生在注意力高度集中后放松神经的有效手段之一。

3. 课后自学

教师应当督促学生在课余时间进行自学。除了复习、回顾课堂上所学习的内容之外，学生应努力增加自己的单词量，就语法薄弱环节进行练习。另外，教师应鼓励学生大量阅读英文杂志、报纸和书籍，听英文歌曲，赏析经典英文影视作品，以及浏览国外新闻类网站等。

# 第三节　大学英语听力教学法

在英语教学的历史中，很多语言学家相继提出了不同的英语语言学习理论，形成很多传统英语教学法。这些教学方法在具体的操作过程中对于促进我国外语课的教学也起到了一定的积极作用。

对于英语教师来说，英语教学不仅要考虑教学内容，还要考虑教学对象，更要考虑如何帮助学生掌握英语语言规则，学会运用语言作为交际工具。因此，单纯地讲教学法理论，不结合教学实践介绍具体的教学方法和方式的纯理论的教学，既不能使教师自觉地、创造性地组织教学，更不能满足他们的需要。

就英语听力课来说，传统的教学法依然占主导地位；同时，教学实践也不断证明各种教法都有自己的优点和缺点，需要不断更新和弥补。

例如—听说法。听说法是一种与语言学理论联系最明显、最直接的教学法。它建立在美国结构主义语言学的基础之上，以行为主义理论为基础。

它认为习得语言的过程就是一连串的刺激—反应的过程，认为语言是一种行为，是通过反复刺激和反应操练形成习惯的过程。

听说法主张学习语言要听说领先，读写跟上，通过口语训练掌握外语；利用心理学上的这种刺激反应理论，强化操练，最终形成习惯，达到脱口而出，从而学会外语。同时，它强调要使学生学到地道的语音、语调，教学中要由外教对学生进行听说训练，或让学生反复听并且模仿他们录制的录音磁带。教学中只许接触和使用正确的语言，课堂上尽量不用本族语。听说法提出以口语为中心、以句型或结构为纲的教学主张，强调模仿并强记固定短语，重视语音和语调训练，这种教学法在第二次世界大战期间被美国广泛地使用，并取得了一定的效果。

然而在中国的教学实践中，这种方法遇到了重重困难。目前很多学校无法保证学生的英语课有外教参加。因此为了弥补这种不足，教师可以为学生提供难度适当的英文录音并督促学生反复模仿语音和语调，以改善口语发音。

再例如—视听法。视听法也是基于结构主义语言学，由英国的语言学家们推出的一种教学法。

视听法基于听说法，主张听说训练必须同一定情景结合，在情景中整体感知外语的声音和结构。因此，又叫情景法。

视听法主张广泛利用电教设备组织听说操练，把听觉形象和视觉形象结合起来。这种教学方法目前在我国很受欢迎，市面上也有很多相关的教学材料。在听力课堂上，多媒体教学工具的介入也使得这种教学法颇受欢迎。

视听法发扬了听说法的长处，在教学中使语言与形象紧密结合。这种视听结合的方法比单纯依靠听觉或视觉来理解和储存的语言信息要多。视觉形象为学生提供思维形象的条件，促使学生自然和牢固地掌握外语。听觉形象有助于养成正确的语音、语调、节奏及遣词、造句的能力和习惯。听说法虽然强调自然习得语言的重要性，提倡使用实物帮助教学，但是当这些方法被实际应用于课堂教学时，使用的实物都只是很简单的和具体的，难以与现实世界的复杂情况相匹配，所以就这方面而言，视听法比听说法更重视实际语言环境的创设。

视听法的缺点是过于重视语言形式，忽视交际能力的培养，过分强调整体结构，忽视语言的分析、讲解和训练。

再例如—交互式教学法。它又称为互动教学法，是一种适应时代的教学理论和策略。交互式教学法以学生为中心，积极主动地参与组织教学的各个环节，让学生参与教学活动的全过程，真正成为教学活动的主体，与此同时还要注意发挥教师在教学中的主导作用，实现教师与学生、学生与学生的双向交流与互动。旨在建立以教师为主导，以学生为主体，在师生之间、学生之间，以及人与多媒体之间通过"互动"方式组织起来的一套英语教学法。

"互动"是两个或更多的人相互交流思想感情，传递信息并产生相互影响的过程。目前流行的交际英语教学理论的核心就是交际能力培养必须具备"互动"这个性质。从信息交换的角度来说，教师和学生之间的信息交流是双向的，他们之间存在着大量的信息交流。

针对现在大学英语听力中仍然是传统的以教师为中心的课堂的现状，所以实施基于交互式教学法的大学英语听力教学模式是非常有必要的。交互式教学模式将传统的"以教师为中心"的教学模式转变为教师引导、学生积极参与、师生之间良性互动"以学生为中心"的教学模式，即教师在教学过程中是作为参与者而非整体的控制者，它注重师生间的协作互动，提高了学生的教学参与性，从而提高大学英语听力课的教学效果。

随着英语教学辅助工具的增加，传统英语教学法也会在中国的英语实践中焕发出新的活力，孕育出新的教法。当前外语教学法的理论研究与实践探索的新趋势是理论的折中化和实践的个性化，因而在国内外外语教学领域出现了一种普遍趋向，那就是对各种教法和流派采取折中主义态度。因此英语教师很有必要了解一些英语教学方法发展和应用的新趋势。

# 第四节　以网络为依托的大学英语听力教学模式建构

## 一、理论基础

二语习得理论认为语言输入是语言习得的最基本条件，没有语言输入就没有语言习得。根据 Krashen 的输入假说，习得是一个自然的学习过程。在目标语学习环境中，学习者以与儿童习得母语相同的方式学习外语；可理解的语言输入是语言习得的唯一途径。可理解输入是指学习者接触的、可以理解的语言材料，其难度应稍高于学习者目前已经掌握的语言知识，即"i+1"。其中，"i"是学习者当前的语言知识状态，"+1"就是当前语言知识状态与下一语言状态的间隔距离。只有当学习者接触到的语言材料符合"i+1"的水平时，才能对学习者的语言发展产生积极作用。

建构主义学习理论认为，学习过程是学习者根据自己的需要、兴趣爱好，利用原有的认知结构，即知识和经验，对外部信息进行主动选择、加工和处理的过程；知识是学习者在一定情境或文化背景下，借助他人的帮助，利用必要的学习资源，通过学习过程建构起来的统一体；学生是认知的主体，是知识意义的主动建构者，而不是外部信息刺激的被动接受者；教师只对学生的意义建构起组织、指导和协助作用。

输入假说与建构主义的相互补充是探索优化现代英语专业听力教学效果和提高英语专业学生英语综合能力的主要理论基础。这两者都强调原有知识经验对新知识获得的基础性作用，但 Krashen 更加强调外在输入的决定性作用，而没有认识到新旧知识是相互作用的，都要得到主体的重新建构。建构主义强调学习者在习得过程中的主观能动性，学习过程的交互合作性以及学习目的的实践应用性，这正好弥补了克拉申的输入假说理论重语言输入、轻语言输出的不足。

网络多媒体技术将计算机、录像机、录音机、投影仪和教学软件等多种媒体集于一体，是输入假说和建构主义理论应用于教学的先决条件。网络多媒体技术所提供的丰富教学资源图文声像并茂，能够调动学生的学习兴趣和积极性，增强学生对抽象事物与过程的感受与理解。尤其在网络多媒体创设的英语听力教学环境中，鲜活的色彩画面、逼真的动作声像以及生动形象的话语场景等，给学生造成一种"身临其境"的感觉，能帮助学生解除紧张的心理，激发他们的学习积极主动性。从记忆的角度来看，人们对动画的记忆最强，图片次之，文字最弱。因此，利用网络多媒体声、光、色、影、形俱全的优势，将静止的图片设计生成声音优美、色彩明快、形象活泼、动作有趣的画面，可以使学生的听觉与视觉同时接受刺激，提高学习效率。

## 二、传统英语专业听力教学的弊端

传统的英语听力教学中，教师很少去教学生怎样听，更多的只是将大量的听力材料"灌"给学生，认为学生在接触大量的听力内容之后便会自然而然地获得听力方面的技能。在实际教学中，很多英语教师仍遵循着同一种固定模式——打开课本，播放磁带或光盘，提问/回答问题，然后给出答案。长期以来，这种传统的教学模式不但没有帮助学生解决英语听力上的问题，还使他们失去了兴趣，给英语学习造成了诸多障碍。当前的大学英语专业听力教学仍然存在着类似问题，具体可分为以下几类：

1. 教材内容少且陈旧：英语听力课堂教学中，教材既是教师授课的主要内容又是进行教学设计的主要依据。这些教材各有优点，在一定程度上能帮助学生听懂基本的语言单位，如语音、数字、单词和句型等，并且逐步增强学生的语篇理解能力和其他语言能力。然而这些教材在编写体例上往往又存在着很大问题，具有较强的程序性和测试性的特点。另外，语音材料过时，未能反映时下丰富多彩的现实生活；听力材料之间缺少内在的逻辑联系，无法形成完整有序的知识体系，或未能考虑学生个体的兴趣偏好。

2. 教学模式单一、手段单调：英语听力教学主要还是采取以教师为中心的"五步曲"教学模式：讲解生词，教师放磁带/光盘、学生听录音，教师提问题，然后学生做练习、回答问题，最后师生校对答案。教师偏重对学生听力的量的积累，采用反复播放材料直到听懂为止的做法，难怪不少教师把听力课视作最容易上的一门课。教师注重的是听力结果而非听力本身，也就是说，注重结果多于过程。

3. 教学方法陈旧老套：在整个听力教学过程中，学生被动听解教材提供的学习材料，然后被动完成教师提出的教学任务。在一定程度上，教师和教材都忽视了学生间听力水平的差异，要求听力水平不同的学生在同一时间完成共同的学习任务。在没有充足的时间完成学习任务的情况下，听力水平较差的学生只是等待教师给出答案；而听力水平较高的学生，又常因听力材料较为容易，感觉浪费时间。这对于两者来说，都难以取得应有的学习效果。

4. 师生缺乏主观能动性：由于教学设备、时间和空间的限制，教师难以拓展有效、多样和生动活泼的教学活动，还常以听力测试代替听力技能训练。一方面，这种频繁的听力测试容易使学生产生一种误解，误以为听力的训练就是能在众多的配选答案中找出正确答案，而忽略了最根本的听力技能培养。另一方面，测试常常使差生感到紧张与疲惫，大大地挫伤了其上课的积极性，影响了课堂教学效果。由于师生都缺乏主观能动性，英语听力很难达到良好的教学效果。

## 三、依托网络现代英语专业听力教学新模式建构

1. 网络多媒体的优化作用

自网络多媒体技术应用于语言教学以来，对英语专业听力教学方法和教学模式的优化作用主要体现在以下三个方面：

（1）优化听前准备活动

在听前准备阶段，教师先通过网络多媒体技术，同时展现重、难点词汇的音、形、义，使学生在各种感官的协同作用下迅速建立对该词汇各方面的联系。教师使用多媒体技术将听力材料所涉及的背景知识展示得更加丰富直观、生动形象，同时用标准的英文进行解说，使学生从更多方面了解目标学习材料，为接下来的听力训练做好铺垫。

（2）优化听力教学手段

通过网络多媒体，教师可以更加深刻地展示课堂教学中的常规教学手段，如游戏、讨论和表演等，激发学生对所听语言材料的兴趣。以"配音"练习为例，所选材料为影片《Garfield》中的一个片段。首先，教师把这个片段播放一遍，然后隐去画面，让学生再听两至三遍语音。听过之后，让学生试述所听影片片段的梗概。接着，让学生边看边听影片片段，之后再消去声音，让学生给画面配音。这样，学生可接触到真实的语言环境，在潜移默化中训练了自己的听力，同时也练习了口语。

（3）优化听力教学内容

在网络多媒体教室里，以教材为依托，在相近或相同层面上实现多种语言材料的输入，一方面扩大信息量，另一方面创造更多的学习运用英语的机会。教师可选录一些世界主要电台和电视台的英语节目，如美国 CNN、VOA，英国 BBC 和我国的 CCTV9 英语台，作为课堂听力补充材料。另外，在听力课上适当补充一些多媒体教学片或者影视内容，调动学生的视觉、听觉和口头等多种感官的综合运用。在放影片的过程中，教师可以针对片中的文化背景和语言难点设计一些练习，或者结合影片中出现的日常用语及文化现象加以说明和

讲解，使学生真正体会英语语言在日常生活中的使用。对较易懂的影片，可要求学生背诵一些对白，并模仿影片进行表演。这样的影视学习训练不仅能够提高学生发音的准确性，更重要的是能够创造一个生动的英语学习环境。一些多媒体教学片和经典影片都是非常好的视听材料。

2. 基于网络多媒体的现代英语专业听力教学模式概览

建构有效的教学模式，提高教学效率，增加学生运用英语的机会，培养学生的自主学习能力是英语专业听力教学面临的新问题。现代英语专业听力教学新模式应当是以计算机、多媒体和网络为载体的课堂教学和学生自主学习相结合的模式；学生的学习模式是教师教、学生学和网络辅导三位一体的体验教学模式。新的教学模式以学生为中心，使学生在学习中体验和在体验中学习，即通过自己掌握和控制学习过程，选择自己的学习内容、学习方式和评估自己的学习结果来体验英语学习。在听力教学过程中，教师指导学生成立学习小组，师生一起制定学习目标和设计教学活动。同时，教师由单一向多重角色转变，即由单一的知识传授者转变为课堂设计者、组织者、考核者、指导者和参与者。这种新的教学模式使英语学习呈现多地点、非定时、个性化和自主式的特点。

（1）教学条件

传统外语教学强调教师的主导和输入作用，教师是知识信息渠道的唯一来源，学生被动地接受知识信息。网络多媒体环境下的现代英语专业听力教学有着传统教学没有的优势：互联网上开放的信息渠道提供了无限潜在的学习资源；电子教材的普及和网络多媒体教学平台的开发已经相当成熟，提供了更多有针对性的、丰富多样的听力学习材料；高校校园调频台等其他学习资源提供了更多的学习机会和潜在环境。

（2）建构原则

网络多媒体环境下英语专业听力教学的建构不仅要体现外语教学的基本原理，还要考虑到具体的技术实施和总体课程规划，应将网络活动置于整个教学计划之中，与真实课堂教学有机结合。由于网络资源极其丰富，教师在备课时必须根据学生的水平和需求选择适当的材料，并根据学习者的学习期望、语言水平、知识面、兴趣范围等因素对所选的听力材料进行适当的分级或分类整理。

（3）教学过程

新模式听力教学过程分为课前准备、课堂教学和课后自主学习三个阶段。在这三个教学阶段中，师生共同制定教学目标，选择教学内容和设计教学活动，这种体验式学习氛围的营造能够充分调动学生学习的积极主动性。

现代英语专业听力课堂教学过程一般分为三个阶段：听前的准备阶段、听中的理解阶段、听后的评估阶段。基于网络多媒体的现代英语专业听力教学设计依然要遵循这个步骤，做好听前、听中和听后的有机统一。

听前的准备阶段："听力活动是一种有目的，或者说有任务的交互式的活动。学习者的记忆存储能力并不是无限的，所以教师应该帮助学生尽量缩小他们对所听材料的预测范围，明确他们要完成的任务，以便把有限的注意力集中到与任务有关的信息上，以减轻认知负担"。网络多媒体集文字、图形、图像、声音和动画等各种信息传输手段为一体，具有很强的真实感和表现力。在这一阶段，教师可通过采用不同的活动和方法，如游戏、音乐、电影片段和戏剧等，引起学生对所学语言材料的兴趣，并促使他们积极参与其中。

听中的理解阶段：在这个阶段，教师可通过课堂活动和练习，使学生掌握语音、语法和词汇等语言知识。教师采用网络多媒体作为信息传输手段，同时调动学生的视、听、说等多种感官。多媒体的多感官刺激作用有利于学生注意力的长期保持和获取知识。考虑到学生的英语水平差异性，可以采取分组合作的方式，确保每个学生都能得到不同程度的提高。为了达到互动的效果，可以运用提问、讨论、表演、复述和听述等多种形式。

听后的评估和反馈阶段：这一阶段是记忆运用和交际巩固的阶段。教师可跟学生讨论与听力材料有关的深层问题，进而检查听力预期目标是否实现。通过对所听材料进行综合性分析、评论，学生将会进一步理解所听材料的意义，从而完成输入和输出（消化）。

评估和反馈过程中要杜绝依据分数给学生排队、贴标签，甚至讽刺挖苦学生。根据评估的性质，可分为量化评估和质化评估。量化的评估主要有测验法，质化评估主要有表现评估、观察评估、活动评估等。小测验具有灵活性强、测试内容有针对性、教学效果反馈及时等特点。英语听力结束后，教师可结合听力材料内容，自编一些小测验来评估学生听解情况。但是测验不是唯一的评估方法，教师要改变过于注重分数的做法，注意评估方法的多元性和开放性。

质化评估可以采用问答、作业、日志或学生自评和互评的形式。学生进行自我评价和同学评价时，教师要注意培养他们对自我反省和客观评价的态度。评估不仅要反映学生的学业成就，更要反映学生的学习态度和学习过程。有益的反馈应该及时、明确、客观，没有责难价值判断。教师的反馈要以激励为主，及时发现学生的进步并给予鼓励，加强和学生的沟通和交流；要以关怀的态度指出学生的缺点和不足，并对学生的改进提出合理的建议；要注意保护学生的自尊心，增强学生的自信心及学习的积极性和主动性。

以计算机、多媒体和网络为载体的现代英语专业听力教学新模式突出了新教材、新教学手段和方式、新教学测评方式以及师生角色定位和转换对提高学生英语听说能力所起的作用。这种新模式既为教师提供了施展才华、大力进行教学改革的积极动力，还提出了更多更高的要求。一方面，由于基于网络多媒体的现代英语专业听力教学信息容量大而丰富多样，教师课前必须做好充分的准备，而且还要考虑可能出现问题的应对措施。另一方面，网络多媒体教学手段存在一定的盲目性，忽视了教学的针对性和复杂性，忽视了情感因素在教学过程中的作用，教师需要在课后加强与学生的沟通和交流。

外部环境的优化和学习资源的开发并不能保证学生的进步和能力的增强。本节着重探究网络多媒体环境下的现代大学英语专业听力教学模式，如何创设更全面的教学条件，充分利用和整合这些教学资源，还需要进一步探索。

# 第五节　认知策略理论下的大学英语听力教学模式

听力是语言学习者需掌握的一项重要技能，也是进行有效交流的基础。认知心理学家 Anderson&Lynch 指出，听力理解的过程可划分为三个阶段：感知、解析和应用，他们认为这三个过程相互关联，循环往复，并且不断修正。

在听力理解感知阶段，听音者首先将由感觉器官所获得的语音信息保留在感觉记忆中，在此过程中，听者的注意力会集中于听力材料本身，并不断将注意到的新信息存入短时记忆里。由于人体注意力有限，声音信息稍纵即逝，如果听者不能及时提取目的信息，旧信息将很快为新信息所取代，所以听音过程中提高信息的提取速度尤为关键。事实上，大量研究证明，相关认知策略的运用可以提高听力过程中信息提取的效率。比如，Graham&Macaro 就曾指出，预测刺激图式，可以通过减少需要考虑的可能命题的总数来减轻认知负荷。Nunan 也认为，预测有助于听者预料将要发生的事情，并帮助听者对即将听到的材料做好充分的准备，从而促成更有效的听力理解。

在听力理解解析阶段，听音者会对进入短时记忆的语音信息进行加工解码，这种解码主要以意义暗示或结构特征为基础，涉及主题识别、意群划分、语义结构组合等多种技能，记忆单位表现为单词、短语或句子。但是此时的语音负载信息不一定能全部转入长时记忆，而短时记忆容量又有限，随着新信息持续输入，未得到及时编码转入长时记忆的信息将很快被清除，让位于新输入的未解码信息，因此采用一定的认知策略，例如记笔记、回避母语、概括大意、集中于意义等，势必有利于听力理解的顺利推进。

在听力理解应用阶段，输入听音者大脑中的话语意义会与长时记忆中的知识相结合，从而产生语义理解。由此可见，听力理解效果的好坏是由先验知识的丰富与否以及对先前知识的及时调度和组织所决定的。人工智能专家们曾形象地把先验模式解释为等级层次形式储存于长期记忆中的一组相互作用的知识结构或构成认知能力的建筑砌块。听者如果能在听音过程中充分运用诸如联想这样的认知策略，合理利用这些联想"建筑砌块"，听力理解应用效果将会大为改观。

括而言之，在认知观信息处理模式下，听力属于主动型接受性语言能力。听力理解不仅是一个"自上而下"或"自下而上"的信息加工过程，更是一个复杂的认知过程。认知策略对于听力理解各个阶段中信息的筛选、记忆、储存、处理直至理解都大有裨益。听音者如果能在每一环节恰当运用相应的认知策略，听力效率必将大大提高。正是基于以上理论分析，选取 O'Malley&Chamot 对于认知策略的分类理论为框架，开展实施以认知策略为依托的大学英语听力教学实证研究，以此检验该理论指导下的大学英语听力教学模式的实效性。

# 一、研究设计

1. 研究问题

这里主要探讨以下几个问题：①非英语专业学生听力中认知策略使用的整体倾向如何？②经过基于认知策略理论的大学英语听力策略培训后，实验组与对照组在听力成绩变化方面存在何种差异？③哪些认知策略的使用与听力成绩的提升最为相关？

2. 研究样本

本研究对象为我国西部地区某高校2015级非英语专业的232名大二学生。他们来自六个自然教学班，均刚参加过2016年6月举行的全国大学英语四级测试，其听力部分的成绩可作为衡量受试对象英语听力水平的重要依据，六个教学班听力总平均成绩为 149.79 分。为便于策略培训工作的展开，在六个教学班中选取了两个听力水平基本同质的班级，将其分为实验组（42 人，听力平均成绩 149.20 分）和对照组（45 人，听力平均成绩 148.70 分）。实验组依预先制定的大学英语听力认知策略培训方案进行教学，对照组则仍然按照传统大学英语听力教学法进行教学。

3. 研究工具

为较准确地测量受试对象听力中认知策略使用的整体倾向，参照 O'Malley & Chamot 对于认知策略的分类及其认知策略理论，结合听力理解本身的特征，将听力中的认知策略细化为利用目标语资源、推测、做笔记、联想、演绎、利用视觉形象、回避母语、集中于意义、总结、重复和归类这 11 项具体策略。研究将从这 11 个方面测量受试对象听力中认知策略的使用情况，测量题目共 35 个，按照 Likert 式编制，答案共分为 5 个等级（1—5 分别表示"完全不同意""部分不同意""不确定""部分同意""完全同意"）。此问卷首先于 2016 年 9 月初在听力认知策略培训前向 232 名受试对象进行发放，发放232 份，回收 232 份，有效 226 份，有效率 97%。随后又于 2016 年 12 月底在培训后向实验组 42 名受试对象进行发放，发放 42 份，回收 42 份，有效 42 份，有效率 100%。问卷回收后，所有有效数据均被录入电脑，随后应用 SPSS21.0进行相关统计分析。

作为对问卷调查的补充，在实验组又随机选取 20 名学生参与半结构化访谈，访谈内容围绕他们对认知策略的了解程度，实际听力过程中对于推测、记笔记等认知策略的具体使用情况以及使用后的感受等 8 个问题展开。

此外，对参与实验的 87 名学生还分别进行了实验前和实验后的听力水平测试。由于大学英语四级测试听力部分涵盖长短对话、短文理解及短文听写，能够客观地反映学生的听力水平，具备较高的效度和信度，因此研究首先选取了学生 2016 年 6 月四级测试听力部分的成绩作为前测成绩的重要依据。实验结束后又对两组学生进行终点四级听力测试，测试内容为《星火英语四级新题型预测》第六套听力部分，以此作为后测成绩的重要依据。

4. 听力认知策略培训

从 2016 年 9 月初至 2016 年 12 月底，研究者对实验班开展了历时一学期16 周 32 课时的听力认知策略培训教学实验。此实验以认知策略理论为基础，以《21 世纪大学英语视听说教程》（第二版）第三册教材为载体，主要培养学生在听力过程中灵活运用认知策略的能力。听力认知策略培训主要涵盖两个方面——对 11 项具体认知策略的概念、运用技巧的讲解和有针对性的课堂融入性练习。每个子策略的讲解包含五个阶段：准备阶段、呈现阶段、练习阶段、评估阶段和延伸阶段。各步骤循环进行，直至让学生完全掌握并能独立应用各项具体的认知策略。

## 二、结果与讨论

1. 听力中认知策略使用的整体倾向

为了解非英语专业学生听力中认知策略使用的整体倾向，研究者将 226 份问卷中 11 项认知策略得分相加，通过描述性统计得到学生在听力过程中认知策略总体和 11 项认知策略的使用倾向，并按均值得分由高到低进行排列。

学生在听力过程中认知策略总体使用平均值为 2.8465，位于 2.5—3.4 之间，属于有时使用的范畴。其中，除回避母语策略外（M=2.0317），其他 10 项认知策略的使用平均值均在 3 上下浮动，也属于有时使用的范畴。这表明非英语专业学生能够在听力中潜意识地自觉应用某些认知策略，并达到中等频率使用的水平，但是中等频率使用水平也意味着学生认知策略的使用尚需加强。事实上，通过访谈进一步发现近 90% 的学生表示对认知策略并没有任何系统的了解，一些无意识使用的认知策略仅源于对平时听力学习的经验总结。可见，在听力过程中，学生使用认知策略的意识相当薄弱。

在各项子认知策略中，使用均值最高的是推测策略（M=3.1653），说明学生对此种策略最为了解，使用也最为频繁，这显然与它的直接性和外显性有关。然而，虽然学生使用该策略的频率已达到中等水平，但在培训过程中仍需予以充分重视，因为推测是听力课堂教学中必须培养的重要策略之一，它对于提高学生听前阶段的感知能力尤为重要。反之，使用均值最低的为回避母语策略，分值处于 1.5—2.4 之间，属于低频率使用。究其原因是学生在母语环境下学习外语，不可避免地会习惯于借助母语进行思维。在访谈过程中发现几乎所有学生都知晓在听力中回避母语的必要性，也非常赞同英语思维有助于提高听力水平，但在实际听力过程中，他们还是会不由自主地依赖汉语进行记忆和理解。这不禁令人反思，对于某些认知策略，学生即使明知其重要性，然而由于缺乏使用方法上的指导或克服性的集中训练，最终还是导致无法灵活运用。综上可知，非英语专业学生听力中认知策略使用水平不容乐观，换言之，认知策略对于听力学习的促进作用尚未得到完全发挥，因此对学生进行认知策略培训十分必要。

2. 培训前后实验组与对照组听力成绩的变化对比

在经过一学期策略培训教学实验后，为验证该教学模式的有效性，用SPSS21.0对两组学生实验前后的四级听力测试成绩进行了对比分析。

实验前两组学生听力测试平均分非常接近，未呈现明显差异，不具有统计意义（t=3.444，p=.579＞.05）。经过一学期的教学实验，两组的后测成绩均较前测有所提升，但实验组成绩提升幅度显著，其听力测试平均分明显高于对照组，得分具有显著性差异（t=4.324，p=0.019＜0.05）。此结果表明：基于认知策略理论的大学英语听力教学模式其教学效果明显优于传统听力教学模式，实验组学生的听力成绩呈现大幅提升。可见，在听力过程中，认知策略的使用会对听力效果产生积极的影响，而且一些策略的成功运用表明，认知理论在外语教学研究中极为重要。

纵观传统大学英语听力课堂，教学效果不佳，学生听力成绩不理想，其原因无非在于：一方面它未能把握住听力的本质特征，另一方面它未能掌握科学的听力技巧和方法。由此，引入认知策略培训的大学英语听力教学模式必将帮助学生清楚地认识到听力不只是单纯的声学现象，更不只是被动的感知，而是一个积极主动的认知过程,需要合理使用不同的认知策略处理不同的听力任务。如此一来，学生有的放矢地听，教学效果自然迥然不同。

3. 与听力成绩提升最具相关性的认知策略

为深入剖析哪些认知策略与实验组学生听力成绩提升最为相关，依据实验后认知策略使用和听力成绩数据，运用皮尔逊相关分析方法进行了双侧显著性检验，分析结果为听力成绩与总认知策略的使用在 0.01 水平上显著正相关；11 项子认知策略中有 6 项也在 0.01 水平上显著正相关，有 1 项则在 0.05 水平上显著正相关。其中，在听前阶段，利用目标语资源和推测策略与听力成绩呈显著正相关。可见，语言感知是语言理解的第一步，培养学生听前阶段的感知能力至关重要。事实上，在听音过程中，语言的感知不仅包括词汇的准确听辨，还包括词汇的迅速提取，比如对头脑中现存图式的激活。由于声音和意义两者都会对心理词汇提取起到一定的作用，所以在注重培养学生把握正确语音、语调的同时，还需着力指导学生积累熟识目标语，在头脑中建立丰富的图式，将目标语意义化，提升听音时感知过程中的信息处理速度。本次教学培训要求学生在学习课本之余，广泛涉猎真实的英语语料，比如查阅英文词典、收听英文广播、观看英文影视资料等。此外还对学生进行了强化性练习，训练他们在听前养成快速浏览标题、题干、选项、图片、表格等预测听力材料主题及主要内容的习惯，以最大限度地激活头脑中的已有图式，使陌生听力材料熟悉化，增强对听力材料的感知。

在听中阶段，推测、速记、回避母语和集中于意义等策略也与听力成绩呈显著正相关。首先，作为语言能力的重要组成部分，推测策略是语言运用和学习的基本技巧，是理解口头语至关重要的程序。听力教学中，教师应积极引导学生学会根据上下文进行合理推断，依据已有的相关背景知识对没有听懂的信息点进行大胆联想。比如，训练学生从对话双方的语音语调、说话态度等推测出人物关系或事件发生的场景等等。另外，由于听力理解是听者的已知知识和口头语篇信息交互作用的结果，而前者是能否理解语篇的关键，所以存在于听者头脑中的图式越完善，在理解过程中对信息预测、推理和证实就越准确越快。鉴于此，听力教学中，在训练推测技巧的同时，提醒学生不断丰富语言知识和背景知识也十分必要。其次，速记策略能够有效帮助延长短时记忆，是增强听者解析能力不可或缺的策略之一。教师应训练学生在听力过程中保持大脑兴奋，集中注意力，学会及时将捕捉到的关键信息尤其是频繁出现数字、时间、地点等的听力材料，通过运用缩写、图形等常用符号迅速记录，增强解析能力。事实上，速记不仅有利于学生理解听力材料的主旨内容，而且能帮助学生把握材料中的细节信息，成功应对听力中的细节考查题。再者，回避母语策略是实现英语理解自动化，提高听力成绩的另一重要环节。听力课堂上，由于身处母语的学习环境，多数学生会倾向于先将英语翻译成汉语再进行解析，由此导致听音时很难跟上说话人的语速，从而影响听音效果。基于此，教师应尽可能地训练学生用英语进行思维，如在进入每个单元前，通过大量的文化输入，向学生提供与话题相关的正确的英语表达，以此丰富其英语语言知识积累，使他们始终沉浸在英语思维的氛围中，逐步降低对母语的依赖。最后，集中于意义策略也是听中一个不可小觑的技巧。众所周知，人类的短时记忆容量只有 $7 \pm 2$ 个信息组块，十分有限。因此，在听力过程中，若将注意力集中于单个单词，必然会丧失大量信息，难以全面把握听力材料的内容，获得理解。反之，如果将零星的信息重组成更大单位，以语义组块的形式来记忆，信息的记忆量就会大大增加。所以，对学生进行克服性听力训练，指导他们将注意力集中于关键词组，学会主动放弃难以理解的词句，听力实效性必然显而易见。此外，句法知识也可以有效帮助学习者清楚输入信息中的冗余部分，减轻大脑负担，因而训练学生借助句法知识识别词与词之间的关联，组成意义，从而使句子或语段在短时记忆中保持较长时间，增强对听力材料的解析能力。

在听后阶段，总结和归类策略也与听力成绩呈显著正相关。对听力理解中的心理因素的研究表明，听力过程中将所听到的内容在大脑中做小结不仅可以帮助听者排除焦虑心理、集中注意力，而且可以加深其对听力材料中所出现细节信息的理解，有效避免短暂性遗忘的出现。由此，教师应该教会学生运用总结策略，通过对短时内头脑中捕获信息的重新组合、编码，帮助他们形成长时记忆，进而提高听力效果。教师还应引导学生对诸如结构较严谨、语言较流畅的听力原文展开归类性反复听力，帮助他们学习材料中相对陌生的习惯表达，巩固语言知识，进一步强化其听力运用技能。总之，在听后引导学生学会总结并有重点地进行归类性听力练习，能够有效强化学生的听力应用能力，是对学生听力成绩有助力作用的认知策略。

通过对 42 名受试对象历时一学期的认知策略培训，我们发现实验组学生在最终听力成绩的变化方面与对照组呈现出显著差异，而且发现 11 项培训策略中有 7 项子认知策略都和总认知策略一样与听力成绩相关性达到了统计意义上的显著水平。这充分表明基于认知策略理论的大学英语听力教学模式能够对学生听力成绩的提高产生积极作用。因此，在今后，将认知策略培训有机植入听力课堂必将成为改善大学英语听力教学效果的法宝，使学生的听力学习产生质的飞跃，为学生的听力自主学习推开一扇光明之门。

# 第六节　大学英语听力教学模式创新研究

以信息技术为载体的大学英语教学方式，能够将抽象的知识形象化，便于学生深层次理解英语语法知识，实现对知识的灵活运用。以信息技术为载体的大学英语教学模式，能够促进教与学的共同进步，提高课堂的教学效率，使教学达到事半功倍的效果。

# 一、目前大学英语教学面临的难题

## (一) 教师教学任务重,思想上对继续教育认识不够

由于教学任务的繁重,并且许多教师忙于科研工作,对继续教育认识上不够全面。许多大学教师的继续教育处于被动状态,很多院校尚不能够认识到继续教育对提高高校教师综合素质的重要性。目前,全国各院校再继续教育机会少,教师参与再继续教育的机会更是不多,教师不能及时接收到最新的前沿教学方法,在一定程度上限制了大学英语教学的创新。

## (二) 教师缺乏对课堂教学的创新,教学方式过于落后

现如今,科学技术快速发展,出现了一系列的先进教学设备,例如:多媒体等。然而,许多教师仍旧沿袭着说教的方式对学生进行教育,对多媒体等先进设备操作技能不熟练,不能充分利用先进设备的优势进行教学。

## (三) 学生的差异性

学生在学习的态度上存在问题,大多数学生学习英语的目的不单纯,具有一定的功利性、利益性。比如:为了过四六级、获得大学文凭、工作的需要等。学生在学习英语的方法上存在一定的问题,依然习惯题海训练,缺乏对听力、口语的练习,没有养成课前预习、课上认真听讲、课后巩固复习的习惯。

# 二、建立信息技术为载体的创新教学模式的必要性

## (一) 信息技术为载体的创新教学模式教学重点明确化

传统的教学模式,教师的教学方式较为单一,所有的知识讲解都会以课堂板书的形式呈现出来,疲劳化的课堂讲解容易让学生分散注意力,课堂精力不集中。同时,传统的教学模式内容较复杂,重点内容与了解内容上划分不明确,学生的重点内容意识不强。然而,信息技术在传统教学模式的融入,很好地弥补了传统教学模式上的不足,教师们可以利用多媒体技术,将课堂讲解内容通过 PPT 的形式呈现给学生,内容上划分明确,重点内容明确化。学生在信息技术为载体的教学模式下,能够清楚地明白课堂的重点任务,有意识地加深对重点内容的了解学习,将更多的时间用于重点内容上。教学重点内容的明确化,

提高了学生的学习效率，促使学生快速进步。

### （二）方便教学成果的验收

在传统落后的教学模式下，教师对学生学习的掌握情况，只能通过书面作业的完成情况来了解，而且这种通过收作业、批改作业来检查教学成果的效率较为低，时间上也造成了极大的浪费。在传统的教学模式下，这种批改作业查阅教学成果的方式，存在很多的弊端。在以信息技术为载体的大学英语创新式教学中，学生可以通过网络交作业，教师们可以在线对学生的作业进行批改，学生也能及时地了解自己英语学习中的问题，并且可以向教师及时反馈，实现教师与学生学习上的交流。这同时也解决了传统教学模式上问题解决缺乏针对性的难题，这样能够实现学生问题解决的彻底化。

### （三）信息技术为载体的创新教学模式使课堂教学内容丰富化

以信息技术为载体的课堂教学模式与传统的教学模式相比，课堂教学内容逐渐丰富。在传统的教学模式下，教师的授课方式极为单一，课堂内容全靠教师的板书传授。课堂板书耗费时间，教学模式单一，导致学生的学习效率不高。在教学上引进信息技术，教师们通过多媒体教学，大大地丰富了课堂的教学内容，学生对知识的了解不再受到局限，学生可以自主在网络上学习，极大地丰富了教学内容。学生在以信息技术为载体的大学英语创新教学模式下，注意力更加集中，能够全身心地投入到课堂学习中去。作业的完成质量与传统教学模式下相比也有了很大的进步。在这种新的教学模式下，课堂教学内容更加丰富，学生了解知识的渠道更加广泛，对知识掌握得更加全面。

## 三、建立大学英语教学模式的策略

### （一）注重对学生的技能培养，适应时代对大学英语专业学生的要求

教师应该改变对学生的纯理论教学的方式，促进学生与教师之间的沟通交流，增加学生对理论知识的理解以及提高其应用能力。学生的专业技能的培养，需要创新教学模式的支持。创新教学模式可以采取任务型教学法和探究型教学法的形式。创新教学模式可以增强学生的动手实践能力，提高学生的英语写作能力。

教师可以为学生出一组作文标题，学生以小组为单位发表自己的看法，谈

谈自己对该标题写作的意见，比如：写作语言风格、题材的选取、作文格式等等，通过实践加强学生对应用文的掌握能力，为以后职场的应用做准备。

### （二）建立以信息技术为载体的大学英语写作教学模式

书本教学，向来就是一件枯燥乏味的事情，枯燥的课堂氛围只会造成课堂教学效率低下，学生的学习积极性不高，因此，教师应该开动大脑，改善教学方法，为课堂教学注入色彩，提高学生的学习积极性。随着科学技术的发展，社会的进步，先进设备的不断引进，教师可以充分地利用科学技术，合理地利用资源，提高学生的学习兴趣。教师可以通过多媒体展示学生英语写作过程中常出现的错误，让学生对其纠正。同时，教师也可以用多媒体展现学生的英语作文，然后对其进行评析，仔细分析该作文的缺点，如英语语法使用过于单一、连接词使用不恰当等。当然，教师也可以利用微博、微信等自媒体，发挥自媒体的作用，教师可以将写作中较难的语法使用技巧录制成微视频，便于学生以后的学习使用，使其能够熟练灵活地应用英语语法知识。

### （三）引导学生对英美文化的学习，从而提高学生的写作技巧

英语写作技巧提高的前提是学生对英美文化有全面的了解。只有学生对英美文化了解，才能在英语写作过程中不被母语思维束缚，在写作过程中不被母语思维带跑。英语写作技巧的提高，需要学生对英语语言结构有明确的把握，同时能够明确中西方人在语言表达上的异同，从而表达出原汁原味的地道英语。

通过对英美文化的学习，我们会发现汉语与英语的语言结构截然不同，两种语言的侧重点不同。汉语在表达上注重音足和语义，英语则注重形足和形态。从语法的角度对比分析来说，汉语语法具有柔性与隐匿的语法特点，而英语语法则霸气外露，刚性十足。从内容表达对比分析，汉语一般传达的内容比较含蓄，不是直截了当，更加注重读者的悟性，让读者在汉语的语言魅力中感悟作者的写作意图、表达思想，然而英语语言内容表达上就比较直观，突出英语语言传达上比较理性的特点。从汉语和英语文章的表现手法来对比分析，我们发现汉语的语言表达比较隐匿，一般汉语篇章的开头语句都是为下文的文章内容引入做铺垫，而英语文章的开头则将文章的主旨、作者的表达思想一览无余地传达出来，让读者很清晰地明白作者的写作意图。对中西方文化表达差异有了详细的了解后，那么英语写作技巧的提高就指日可待了。

**（四）学校可以组织英语写作比赛，并对比赛中表现优秀的学生给予鼓励**

为了引起学生对英语写作的重视，提高英语教学的质量，学校可以组织学生进行英语写作比赛。给大赛中英语写作表现优秀的学生颁发奖状的同时增加 1 到 2 个学分以示鼓励，学分的奖赏制度势必会引起学生思想上的重视，毕竟，学分对学生毕业起着重要的作用，学分符合要求了，才能顺利得到毕业证。这种做法可以引起学生对英语写作的重视，提高课堂英语教学的质量，提高学生参与课堂教学的积极性，变被动学习英语为主动参与。

**（五）建立健全完善的关于高校教师继续教育的机制，加强教师对继续教育的思想重视**

为了加强教师对高校教师继续教育工作的重视，学校必须对继续教育运行管理机制进行完善，确保教师继续教育工作的高效开展。同时，为了引起高校教师对继续教育的重视，学校应该对教师的继续教育的管理、考核、评价更加重视，及时地对教师继续教育情况进行了解，对教师的继续教育情况实行奖惩制度。只有继续教育制度的完善，才能引起教师们思想上的重视，才能变继续教育学习被动状态为主动状态。当然，学校也可以将继续教育的评估列入对教师职务的晋升、年终评优等行列，作为对教师教学情况评价的一个重要因素。

创新的教学模式能够活跃课堂的气氛，发挥学生的主体地位，培养学生学习的积极性。以信息技术为载体的大学英语教学模式能够引起学生的注意，提高英语课堂效率。以信息技术为载体的教学模式实现了教学上的创新，改变了传统教学模式的弊端，适应了时代的进步。

# 第四章　新时代背景下大学英语口语教学

## 第一节　大学英语口语教学面临的问题

随着社会对英语的关注度越来越高，高校范围内的英语教学改革步伐也在不断地推进，相对来说还是获得了一些实质性进展的，但是依然有一些不足之处需要改正。英语教学依然存在需要攻克的难题，我国英语教学存在的弱项主要是英语口语的教学和研究。众所周知，提高口语能力并非一朝一夕就可以完成，这就对师生提出了更高的要求，教师要与时俱进改革教学方法，作为学生来说则要从实际出发选择与自己相适应的学习方式。

### 一、开展课堂口语活动需要注意的问题

#### （一）注意保持课堂的新鲜感

任何一种教学方式，如果长时间使用学生也会丧失新鲜感，从而降低学习的积极性。这也是教师在进行英语教学时经常会遇到的问题，也是不容易解决的难题。从教师的角度来说，各种训练形式交叉使用，可以在一定程度上使课堂气氛活跃起来，激发学生参与口语活动的积极性，使学生形成良好的学习习惯，从而积极参与到课堂活动中。

#### （二）给出必要的关键词或句型

虽然现阶段的大学生经过中学阶段的学习之后已经具备了一定的英语基础，但是由于我国对口语训练方面还有所欠缺，所以很多学生并不能用英语表意，这时候就需要教师提供相应的句型和词语来作为引导。学生可以根据需要，

选择自己擅长的词来回答这个问题。给出必要的关键词或常用句型，可以帮助学生在有效完成口语训练的同时使词汇量得到不断积累。

## 二、对教师提出的新的挑战

大学生口语训练的能力要求对教师的教学提出了新的要求，教师所用语言不仅要具有一定的科学性和逻辑性，还要具有一定的引导作用。此外，对教师所用语言的要求还包括吐字清晰、活泼生动、流畅舒适等。一位优秀的教师应该是一位集语言家、教育家、演说家和艺术家为一体的综合性人才，教师应不断更新自己的知识，提高自身的口语水平、学识水平和整体素质，以适应时代和学生的需要。

# 第二节　说的心理机制

## 一、由听到说

任何一种语言的学习都是先从听开始的，要以听为基础逐渐建立起听的能力，只有基础打得牢，后面的学习才可以厚积薄发。基于这种情况，教师在英语口语教学中应重视先听后说的规律，合理安排好听的教学活动，通过听的训练，激发学生主动开口说的兴趣，引发学生主动开口说的动机。所以，以听为基础、听说结合的方式才是可取之道。

## 二、由想说到说明白

语言学习到了一定阶段就会有使用该语言进行表达的冲动，英语学习也不例外。当产生了想要表达的想法之后，就会开始一系列的活动，如：应该如何组织语言，想要表达什么样的内容，应该使用哪种句式等。最后将这些活动串联起来就构成了语言的最初形式。

莱维勒（Levelt，1989）认为语言产生的过程一般要经历四个环节，即构思概念、组织语言、发出声音、自我监控。

通过上述阶段我们可以将说看成一个连贯却并不是独立的一个因素就可以完成的过程，而这个过程也会随着技能的提升而不断得到优化。

# 第三节  大学英语口语教学的内容与目标

## 一、大学英语口语教学的内容

大学英语口语教学的内容主要包括语音训练、词汇、语法、会话技巧、文化知识等。

### （一）语音训练

语音是学习英语口语的基础。语音训练的目标就是掌握正确的语音和语调，包括重读、弱读、连读、音节、意群、停顿等。错误的发音或不同的语调会造成对方理解困难，甚至产生误解。

### （二）词汇

词汇是英语学习的基础，无论是英语听力、阅读、口语还是写作都离不开词汇。没有足够的词汇量就没有足够的输出语料，因此就不能进行信息的交流和沟通。词汇是信息的载体，如果没有足够的词汇量，就不能在脑中形成既定的预制词块，这必然会影响英语的输出效率。有效的词汇输入是词汇输出的条件，口语交际功能的实现离不开充足的词汇量作支撑。在口语教学中应该加强学生词汇量的积累。

### （三）语法

语法是单词构成句子的基本法则，要想实现沟通的目的必须构建出符合语法规则的句子。只有句子符合语法规则才可以被听者理解。词汇是句子含义的载体，语法是句子结构的基础，二者必须有机结合才能实现口语表达的实用性和高效性。

### （四）会话技巧

口语教学的最终目的就是为了交际，学习并运用一些会话技巧可以使交际顺利进行。常用的会话技巧主要有表达观点、获取信息、承接话题、征求意见、转换话题和拒绝答复等六个方面。

### （五）文化知识

在口语交际中，文化知识也是一个不容忽视的方面，对英语口语教学产生了很强的促进作用。对文化知识的熟练掌握程度决定了学生在实际交际过程中对语言张度的把握和场景的使用。这就意味着，学生不仅需要掌握基本的语言基础知识，还要具备深厚的语言文化功底。其中，文化知识对语言的重要影响作用主要体现在以下两个方面：对所表达词语的意义或构成产生影响，对语言的组织过程产生影响。

## 二、大学英语口语教学的目标

《大学英语课程教学要求》（2009）中针对大学英语口语教学的目标进行了分类，将所要达到的目标分为了一般要求、较高要求和更高要求三个方面，具体要求在此不再赘述。

# 第四节　大学英语口语教学新方法

在进行语言交流的过程中，"说"是一种自己表述最简单而对方理解起来最轻松的沟通方式，因此大学英语对学生需要掌握的听力水平也做出了相应要求，甚至将其看成衡量所具备的英语水平的重要方面。"说"在英语学习过程中并不是以出现在某个阶段的形式存在的，而是贯穿于学习过程的始末。但是，在学习第二语言的过程中，想要在短时间内就迅速提升说的能力是存在一定难度的，而且也不容易实现。这就是有很多拥有英语四、六级证书的大学生，他们的口语能力远不达标的原因。基础知识抓得牢对后续的口语表达能力的提升有很大的促进作用，但这并不意味着拥有足够的基础知识就可以拥有良好的表达能力，这个结论是不成立的。

## 一、整合性干预模式

整合性干预模式的构建主要是源于学习模式的改变，其不仅要考虑学生的学习环境，还要考虑这一过程对学生自我管理能力的提升。其最终目的是要对学生实现"不管"，培养其自学意识。

## （一）学习环境

我们一直都没有将学习环境对学生产生的影响放在重点位置进行考虑，认为其作用可能会很微小，但从"孟母三迁"的故事中我们了解到，其实不然。学习环境对个人学习成果的影响还是非常明显的，古人尚且有这样的意识，在网络信息时代更是不可忽视。我们可以从以下两个方面着手。

1. 娱乐休息

学生的学习状态和情绪受到外界因素干扰影响的概率比较高，这就代表了它们是影响学生学习过程的关键所在。如果学生长时间一直处于学习过程中就很容易大脑疲劳、精神涣散，进而产生厌学的情绪，此时学生需要做的就是立刻停止学习，让大脑得到暂时休息，也可以采用放空、望向窗外、听舒缓类型的音乐等方式让自己放松下来。持续一段时间之后再投入学习中，那将会是另一番景象。所谓"磨刀不误砍柴工"也正是这个道理。

2. 实践应用

理论与实践的相互结合可以促进学习，而且还可以利用实践来检验学习效果。

## （二）外部指导

1. 学习指南

习惯于传统学习方式的学生，一时很难接纳和适应网络学习的方式，学习过程中容易出现彷徨和迷失的现象。学习指南为一些依赖性强的学生提供学习指导，帮助他们摸清学习的方向和步骤，防止其陷入网络。

2. 技术帮助

网络学习初期，由于学生对互联网信息和计算机的掌握程度不够，导致他们在后期的学习过程中遇到了技术方面的阻碍，从而给最终结果造成了严重影响。然而这一问题是可以通过后期的学习弥补的。只要学生打好技术基础，以后同样的问题就可以迎刃而解了。

3. 策略指导

在学生学习以前，向学生普及一些学习策略和方法方面的知识，让他们可以在心里有一个关于各种学习策略的认知，主要包括认知策略、元认知策略等。这样他们在日后的学习过程中就会做到心中有数，正确合理地使用这些策略进行学习，达到提高学习效果的目的。

## 二、情境教学法

情境教学法是指在教学过程中，教师有目的地引入或创设具有一定情绪色彩的、以形象为主体的生动具体的场景，从而帮助学生产生心理上共鸣的教学方法。

情境教学法的形式有很多种，如角色扮演、对话、辩论等。下面就重点介绍这三种教学形式。

### （一）辩论

辩论从根本上来说就是一场比较激烈的对抗赛，而且竞争的意味比较重。辩论是一场对综合能力进行考验的活动，要求参与人员不仅要具有很厉害的口才，而且逻辑思维能力要清晰、大脑要做到飞速运转，还要具备善于抓住对方的漏洞进行反击等能力，这是对参与者的综合能力的极大考验。参与双方针对所给出的论题运用英语技能对自己的观点进行阐述，以期用最有力的论据和表达来战胜对方。这是英语口语训练的有效方式之一。

### （二）角色扮演

角色扮演也是教师在教学过程中对口语能力进行训练的方式之一，而且现在有越来越多的教师都愿意采用这一形式，其目的主要是让学生不再胆怯，可以勇敢战胜自己的消极情绪，在众人面前表达出自己的内心想法。这一方式通常是和小组学习联合在一起进行使用的，教师可以按照不同的剧情要求分配给学生不同的角色,学生可以通过与组内成员的相互配合来完成规定人物的台词，以推动故事情节的发展。这种方式对学生来说不仅可以锻炼自己的胆量，勇于在大家面前张口说话，而且还会使学生加深对角色台词的理解，以便日后更好地为己所用。

### （三）对话

相比前面的两种方式，对话的形式更常见而且更容易操作一些，因此教师在英语教学过程中更愿意使用这样的形式。第一，对话不会占据太多的课堂时间，对大家来说都是可以接受的。第二，对话的内容会相对更生活化一些，甚至是身边一些比较常见的形式，这对学生来说更容易理解一些。第三，通过对话学生也可以获得口语技能，提高自身的应变能力，所以有时候教师就不再愿意采用形式复杂且不好操作的方式了。第四，由于对话的对象是自己组内所熟悉的同学，所以从学生的角度来考虑的话就是没有太过强烈的紧张感，因此可以促使对话愉快地进行下去。

## 三、学习过程评价

### （一）学习过程评价的定义

学习过程评价也有自身的特点，与关于学习起点和结果的评价还是存在本质上的区别的。简单来说，学习过程评价指的是在对学生学习过程中所使用资料进行搜集和研究的基础上，对学生的学习过程进行分析和判断，并对发现的问题进行及时有效的解决，以期达到促使学习过程得到改进的一种评价方式。只不过需要注意的是，这里所说的"学习过程"主要是指学习过程的投入度、自主性、创造性和学习过程的个性化等学习活动指标。其实学习过程与学习结果是相互作用，相辅相成的。如果没有学习过程，就不会存在学习结果；如果没有学习结果，就无法对学习过程进行检测。从这个角度来说，优化的学习过程可以促使优质学习结果的产生，如果想要对学习过程进行一定改进，那么科学合理的学习过程评价就必不可少。

从字面意思来看，学习过程评价与关于学习的过程性评价两者之间貌似存在一定关系，实际上这两者是一种交互式的融合概念，有着不可分割的联系，甚至是在内涵上也有相通之处，可以互相借鉴和补充。在教学过程、学习过程和过程性评价中，处于中心位置的要数学生的学习过程了，而教学过程与过程性评价处于次要位置，其目的都是为促进学生的学习而服务的。对过程性学习评价的定义的理解，主要包括三个方面：对学习过程的评价、为促进学习而实施的评价以及在学习过程中实施的评价。如果从相同之处来说的话，两者都是随着教学过程、学习过程的开展而不断提升的一个动态的评价流程。不同之处则表现为学习的过程性评价在其监测功能上更为侧重一些。

从实施进程的角度进行考虑，我们可以将学习过程评价简单划分为评价准备、学习过程中信息的收集和整理、学习过程的信息判断分析和评价等三个阶段。而采用这一划分方式主要是出于以下原因的考虑：

首先，是对学习过程的评价。我们知道，学生的学习过程并不是一成不变的，而是一个时刻在发生变化并不断向前发展的过程，大量信息资源在学习过程中得以储存，而学习过程中的评价的中心就是以这些信息为基础所反映出的学生的学习方式、策略、态度等，通过这些反馈结果来促进学生和教师之间的适应和改进。对于教师来说，改进的是教学策略方面，而对于学生来说，改进的是学生的学习过程。另外，学习过程的评价对师生管理效果方面和对学习过程都有不可忽视的作用。

其次，是在学习过程中实施的评价。可以说这个过程中教师的教学和学生的学习过程都是在一个水平线同时进行的。一个效果明显的学习过程是与教师的有效教学和学生的高效学习有着密切联系的，不可分割。同理，我们可以将学习过程理解为在反复的教学过程中，随着教学过程中的收集、诊断、修正和提高等活动，教育结果也在层层提高往更好的方向发展。

最后，促进学生的学习过程。学生作为学习活动的主体，我们在对其学习过程进行改进的时候，其实也是学习过程评价目的的最终体现。针对这种情况，澳大利亚的评价专家说出了自己的见解：促进学习的评价实际上就是一项教学过程中正常发生的活动，然后再运用从这一活动中获得的信息来加速教学的过程。在 2009 年，与会人员在新西兰达尼丁召开的第三届促进学习的评价会议上，商议形成了一种"促进学习的评价"的概念。这是一项经常性的实践活动，主要通过对平时师生之间的日常沟通或交流时所表现出来的外在表现的细致观察，对所形成的信息进行一系列的收集、反思和反馈，促使学生学习过程得到不断改进。

### (二) 大学生学习过程评价

研究中提出来的"大学生学习过程评价"，指的是大学生在高校学习内容的选择多样性等特点的基础上，从学习过程中的投入度、自主性和创造性等角度出发，而采用的一种自评和他评的方式，是对大学生学习过程中所涉及的各种构成要素进行简单分析和价值评判的过程。其主要目的在于，从大学生学习过程的特点出发，然后关注学生的学习过程及其评价问题，从而促使学生学习过程和学习效能的共同提升。

# 第五章 新时代背景下大学英语口语教学改革研究

## 第一节 基于模块教学的大学英语口语教学模式

英语口语是用英语传递信息或交流情感的语言或语用技能，培养口语交际能力是英语教学中不可或缺的方面，也是大学英语教学的重要课题。教育部颁布的《大学英语课程教学要求》中提出大学英语教学的目标是"培养学生的英语综合应用能力，特别是听说能力，使他们在今后学习、工作和社会交往中能用英语有效地进行交际，同时提高其自主学习能力，提高综合文化素养，以适应我国社会发展和国际交流的需要。"由此可见，新大纲突出了口语的重要地位，并将其纳入考核评价体系。

然而，多年来形成的大学英语教学体系中，教师和学生只注重语言知识的学习和应用，忽略了口语交际能力的培养，口语教学从来都处于边缘化的地位。而且各级各类考试对口语能力的测试缺乏行之有效的方法和手段，重读写、轻听说的现象还没有从根本上得到改变。因此，如何改变口语教学的现状，成为大学英语教学中亟待解决的课题。本节初步探讨了模块教学法在口语教学中的应用原理和模块教学的实施步骤，以期对大学英语口语教学提供一些有益的探索与思考。

模块教学法在口语教学中的应用及步骤：

模块 1 鹦鹉学舌勤于模仿

模仿（imitating）是学习口语的重要方法。对于任何技艺的习得来说，无论方法多么高明，基本功的训练都是必不可少的。英语的基本功是什么？第一是发音。发音要准确，准确的发音来自模仿。教师在教学过程中应进行示范领读，让学生不断地模仿。或者让学生听 mp3 广播，然后进行模仿。这里有一个好方法可以借鉴，学生在经过跟读、模仿若干遍后，把自己的声音录下来，然后播放进行比较，找出自己语音不正确或不标准之处，继续进行纠正。第二，背诵单词、短语、句型。第三，背诵对话、范文、经典句子短文。第四，抄写默写也是很不错的办法。

模块 2 值日报告 Class Report

又叫 duty report。提前布置任务，给出一定时间准备，最好分组进行，要求每个学生至少要参与一次。具体内容例如对话表演、天气报告、故事讲述、新闻报告、诗歌朗诵、演讲等。要求学生课前精心准备，这样可以促使学生开口说英语。

模块 3 问答 Read and Think

充分挖掘教材，难易适度，让学生有话可说。目前多数学校所使用的大学英语教材是高教出版社的《新编实用英语教程》2011 年 7 月第三版。该教材实用性强，特别突出听说能力培养。模块设计更加科学有效，要求学生用英语问答。比如 passage 后面有 Read and Think 模块就是给学生问答设计的。Answer the following questions according to the passage 难度不大，答案都可以从课文里面找到。

Q1.What is the best timing for sending out an invitation to an evening reception?

Q3.How do you handle the preprinted invitation?

Q4.In what situation can you bring a guest?

模块 4 情景对话 Situational Dialogues

大学英语教材中有许多话题：Shopping、Making invitations、Making appointments、Making telephone calls、Seeing the doctor、Talking about the weather 等。如果学生在学了一个话题以后，模仿所学对话再自编情景会话，效果一定会更好。

模块 5 角色扮演 Role Play

《新编实用英语教程》里有设计这样的练习题，例如第二册 61 页，模块 speak and communicate，Imagine a woman is calling Mrs.Sato， but she is not in.You are answering the phone. Play your role according to the clues given in brackets.

模块 6 复述 Retell

可以独立进行，也可以进行小组学习。同时，应该允许基础差的学生打草稿，做一些准备，然后进行口头复述。例如在学 Handling a Dialogue 模块时，可以要求学生说出段落大意。在学习 The Most Unforgettable Character I've Met 这篇课文之后，在黑板上写出和该课文有关的关键词、短语和问题，要求学生根据自己的能力，或者说出其中心思想，或者复述课文。给出的问题如下：

Suppose you are Bill Gates, please say something about yourself.

What was the author's first impression of his new teacher?

模块 7 小组讨论 Study in Groups

首先把学生分成若干小组，教师预先给出讨论范围和讨论材料，然后给学生提供一些与所学材料有关的话题，接下来让学生以小组为单位进行准备，甚至可以在纸上打草稿。最后要求每个学生用英语表达自己的想法和观点。

模块 8 英语角 English Corner

我们可以通过 English corner 使学生开口说英语。学生在真实的语言环境里学以致用，和课堂上的感受截然不同，与他人进行面对面交流会更加真实有效。

模块 9 多媒体教学 Multimedia Teaching

网络、电脑等现代化多媒体设备，有利于培养英语听说能力。

模块 10 口语活动 Oral Activity

英语口语活动的形式很多，例如英语晚会、英语演讲比赛、英语朗诵、口语课、外籍教师做报告、英语角、英语故事会、英语单词拼写比赛等等。

学生对知识的接受能力有差异，一个班里的学生也有不同的层次。实践模块教学模式应该因人而异，灵活运用。模块教学的一般原则是，教师要循循善诱，培养、鼓励学生开口说英语的兴趣和勇气；其次，应该以单词、短语、问题的形式给予提示和引导，诱发学生用英语表达思想的热情；再次，教师要在上课前事先设置合理的话题，并且精心设计教学过程和环节，使学生在熟悉素材的基础上进行准备，让每一个学生有话可说；第四，要正确对待学生所犯的口语错误，教师不必急于纠正学生的错误，口语表达过程中出现语法错误、词语错误是在所难免的，部分学生积极大胆地开口说英语是很好的开端，这样会带动其他学生参与进来，能够进一步营造说英语的氛围。总之，只要学生在课堂上敢说、愿说、有话可说就已经是很大的进步了。所以，教师要对积极开口说英语的学生给予及时、充分的表扬和鼓励，随着学生学习的不断深入，其所犯口语错误也会逐步减少，英语口语水平就会逐步提高。

# 第二节 大学英语口语教学中交互式教学模式的应用

随着经济"全球化"的发展和国际交往的日益频繁，社会对大学毕业生的英语能力，尤其是英语实际运用水平提出了更高要求。培养和提高大学生的听说能力，特别是口语表达能力，已经成为当前大学英语教学的核心内容之一。然而，传统的大学口语教学主要以单一的知识传授为主，学生在课堂中得不到充分的锻炼，口语实际应用水平难以提高。因此，引进新的教学模式，变革落后的教学方法，是改善教学效果、提高学生英语口语水平的必然选择。

我国的许多学生从小学就开始学习英语，但到了硕士、博士阶段仍过不了口语关。虽然这几年，大学英语口语教学受到了充分的重视，但仍然"费时低效"。当今社会发展迅速，我国与世界的联系更加密切，这对大学生的口语交际能力提出了更高的要求。交互式英语口语教学法便是值得一试并加以推广运用的口语教学方法之一。

从目前的情况来看，大多数高校的英语口语教学并不让人满意。在一些高校里，英语口语课程只是针对英语专业的学生开设，而对于那些非英语专业的学生来讲，大学英语只进行单一的听、说、读、写的学习和训练。特别是在应试教育的背景下，大学生的英语学习更注重听和写，"哑巴英语"现象随处可见。而从目前的大学英语的听说教学情况来看，多数高校重听力，轻口语；重教师的主导作用，轻学生的主动参与作用。大多数英语教师认为目前的大学英语考试仍然注重对学生的听和写的考查，而说和读并不显得十分重要。

针对当前的大学英语口语教学中存在的上述问题，分析其形成的原因，主要有以下几个方面：

一是缺乏语言环境。当前高校开展英语教学，主要是在汉语的环境下进行的，除了每周上几节英语课之外，学生其他时间接触英语的机会是十分有限的。而在日常教学中，英语口语交流也是在假定的环境下进行的。

二是受传统教学方法的影响。传统的英语教学主要采用汉语来教英语，把"翻译"作为学习掌握英语的手段，口语教学几乎被省略。

三是一些高校英语教师的口语水平偏低。由于部分高校教师的口语水平有限，教师在日常教学中使用口语较少，有的教师发音不准，还会给学生带来负面影响。

四是学生人数多。我国高校班级人员的编制在 30—40 人之间，而且很多高校惯上"大课"，每一节英语课几乎都达到 60—120 人，学生很少有机会参加讨论和发言，也很难组织开展口语练习。

## 一、交互式教学模式的理论依据

"交互"一词来自德国社会学家齐美尔 1908 年所著的《社会学》一书，交互是一种最基本、最普遍的日常生活现象。

交互式教学是指教学过程中既要充分发挥教师的积极性，又要充分调动学生的积极性，师生在同一个教学目标下共同发挥作用，形成师生之间相互对话、相互交流、相互促进的一种教学行为。

这种教学行为具有平等民主性、互促互补性、全员参与性的特点。它把教育教学活动看成师生之间的交往、沟通，把教学过程看作是一个动态发展的教与学统一的交互影响和交互活动的过程。

交互式教学模式以主体间性理论为哲学基础。主体间性理论用主主关系模式取代了传统的主客体关系模式，强调了人与人之间、群体与群体之间的交互主体性，主张通过相互理解和沟通促进各主体的和谐发展。在这一理论指导下，师生之间、生生之间、群体之间都存在交互主体性。教学不再局限于教师的单纯授课，而是让不同主体发挥能动性，鼓励各类主体相互沟通与合作，促进各自发展。此外，交互式教学模式还受到建构主义心理学的启发和指导。建构主义认为，知识不是通过教师授课获得，而是学习者在一定情境中，通过人与人之间的会话等协作方式实现意义建构。个体主体性在建构中起决定作用。因此，教学过程中教师不再对学生进行知识灌输，而是培养他们意义建构的能力，帮助他们体验学习、掌握知识。在这些理论基础上产生的交互式教学模式充分尊重学习者的主观能动性，重视他们交际能力的培养，提倡在师生之间、生生之间和群体之间建立起相互沟通、相互启发、相互学习、相互促进的一种相对稳定的教学活动模式，促进学生知识的建构和积累。

在交互式教学模式下，英语口语的教学目标不再局限于培养学生的语法和语言能力，而是以交际能力为重点，引导其大量运用现实语言功能实现信息交流。英语教师不再是片面地传授语言知识，而是从知识的传播者变成技能的培训者，启发学生意识英语口语技能的重要性，积极为学生提供语言锻炼机会，鼓励学生不断练习、实践，通过分析、类比等方法帮助学生掌握运用该语言的能力。

## 二、交互式教学模式在口语教学中的具体运用

口语是相对于书面语来说的，包含听说两个方面，口语又分为主动口语（active oral speech）和被动口语（passive oral speech），主动口语指的是"说"，而被动口语指的是"听"。口语是人与人之间需要面对面的口头表达的语言，是人们使用最频繁的交际工具，在实际的交际活动中，口语占有极大的比例。

交互式英语口语教学有以下几个特征：一是即时性，在交互式口语中，人们一般不可能事先准备好每一段话，更多的情况是边思考边表达；二是交互性，说话人与听话人相互之间会有一定的提示与补充；三是情景性，对话需要情景的控制，如果没有情景的控制，即便是同样的话题和内容，其表达方式也不尽相同。

当今在校本科非英语专业学生的英语口语主要存在下述几种情况：一方面，学生的总体口语水平不高。具体体现在：首先，一部分学生的语言基础相对薄弱，单词和语法掌握不牢固，语音不标准，从而限制了其口语表达能力的提高。其次，由于受到母语思维的影响，有些学生习惯先用汉语思考再翻译成英文，说出的句子是中国式英语，不符合英语语言习惯。另一方面，也有一部分学生对自身的口语缺乏信心而羞于开口，甚至到了毕业时英语口语仍然没有得到提高。但是，大多数学生已经意识到英语口语的重要性，有提高英语口语水平的渴望，同时也愿意参与到英语课堂活动中来。

交互式教学活动法主要包括全班活动法、小组活动法及个体活动法三种方式。高校英语教学针对目前大学生的英语口语现状，综合应用了这三种方法，努力创造机会促使学生进行口语交际训练。

全班活动法是口语教学中的重要方法。它要求教师设计的课堂活动难度应符合学生的总体语言水平，活动形式多样化，且尽可能让学生完全置身于一种听、说的英语世界中。在日常口语教学中，采用了一些与课堂主题相关同时又兼具趣味性、寓教于乐的英语游戏。比如，在英语课上的准备阶段中，用传递英语绕口令的游戏让学生预热起来，以便为下一个环节的主题讨论做好情绪上的准备；在复习英语单词时，让一个学生背对黑板猜测单词，全班同学轮流用英语向他解释，使枯燥的单词背诵变得生动有趣；在口语训练时，给出一个句

子，让全班学生进行句子接龙、故事接龙的游戏等。这些生动有趣的英语游戏为口语教学营造了轻松愉快的氛围。

与全班活动法相比，小组活动法为学生口语练习创造了更为宽松的环境，大大减轻了一部分学生害怕发言的心理压力。此外，小组交流机会远多于全班交流，从而能加快学习速度、提高效率；同时，组内成员间的合作和讨论也有益于集思广益、相互促进。小组活动法是口语教学过程中最常用的方法。以学生自由组合的方式将全班分成若干小组，每组4—6名学生。学生组合完毕，各小组商议该小组的英文名并推荐代表，负责汇集组员的意见并以尽可能清晰、明确的英文句子向全班解释该组名的含义。此外，每组还要推荐一名组长，负责协调组内分工、安排组员轮流发言、保证机会均等。有了小组后，在接下来的教学过程中，就可以组织学生就课文相关问题展开研究，并将小组的研究成果向全班展示。例如，在学习《新视野大学英语》第四册第四单元的课文"The telecommunications Revolution"一文时，让各组做一份关于科技改变生活的研究报告并在课堂上进行交流。针对这本书第五单元的课文"Choose to Be Alone on Purpose"，让各组就与人相处的问题编排一个反映关于几个关系密切的同学、朋友或家人之间从冲突爆发到矛盾解决的生活情景剧。各小组之间互相打分、互相点评，促进学生之间取长补短、相互学习。在布置小组任务时，给出具体明确的评分标准，以便学生在口语训练和对小组活动的评价中尽可能做到有的放矢。

相对于上述两种方法，个体活动法则更加强调学生的自主学习，注重个体水平的差异性，使学生能结合自身的学习状况调整学习。这种方法特别适用于课文教学中的导入环节。在这一环节中，向学生提出一些与课文相关且贴近生活的问题，引发他们积极思考。考虑到一部分学生存在语言基础相对薄弱、口头表述能力较差的情况，提前一课把问题布置给学生，让他们针对回答问题中可能出现的困难查询字典、翻阅资料、询问其他同学。学生的每次回答都要进行登记和评估，目的是提醒学生重视口语活动，同时有针对性的指导也能促使学生提高口语水平。个体化的活动法使每位学生都有机会实践语言技能，同时也能兼顾到不同层次的学生，避免有些问题太难而挫伤学生的积极性，也有利于先进生带动后进生，促进共同进步。

## （一）教师与学生交互

教师与学生交互分为几个类型。根据教师的行为对象划分，可以将教师与学生交互分为师个交互、师班交互和师组交互；根据师生行为属性划分，可以将教师与学生交互分为控制与服从型交互、控制与反控制交互、磋商型交互。

在大学英语口语教学中师生交互的教学形式：

一是示范—模仿式。这是以教师活动为主的交互形式。教师通过示范发音、示范操作活动、示范朗读技巧等，向学生传递和教授信息、技巧。模仿是学生根据教师的示范做，从而使学生获得技能，掌握要领。除了语音和语调的教学之外，交互式教学还可以在交际策略和域外文化培养上起到重要的作用。例如，在训练学生的交际策略中的间接请求帮助上，要求学生在不知道或忘记某个词语时，用自己的话来说明和概括，并可以加上手势，最终让对方能够听明白词语的意思。例如：

T: My younger brother is very interested in...well...in the object...

S: What?

T: It is a kind of object made by people that can fly in the sky.（手势比画大小）

S: Model-plane?

T: Oh, no, it can only fly when there's wind, and...you have to use string...so that...（手势比画）

S: Kite?

T: Yes, that's it.

二是提问—回答式。这是教师和学生共同活动的交互教学形式。问答法中，教师根据学生已掌握的知识和经验进行提问，并指导学生如何回答问题。教师通过提出问题来提高学生的注意力，也可以引发学生对问题的积极思考，有利于学生口头表达能力的培养和提高。当然，提问越多不代表越好，它不是万能的，如果提问不恰当的话会造成负面的影响。例如，一些学生惧怕上课被老师提问，只有口语课上能够引发全体学生思考的提问才是成功的"提问"。在交互式英语口语教学中，教师通常会使用一连串的提问，而在传统的教学方式中，这个方法并不经常使用。老师的一连串提问会给学生带来表达的机会，让学生能够自然地进入语境，不会因为突然开口讲英语而感到不自在。

教师与学生的交互应该采取以下几种策略：一是设定情景。教师在备课时，必须设定与教学内容相关的情景，并且根据语言的环境和意义进行"真实性"训练，使语言形式和语言意义都与教学内容相联系，从而培养学生的口语能力。设定情景的方法很多，例如，生活呈现情景、语言描述情景、动作演示情景、直观教具呈现情景等。二是掌握域外文化背景。口语交互式教学不能脱离英语国家的文化习惯。如西方人十分注重个人的隐私，年龄、婚姻、个人收入等。在教给学生"Are you married?""How much money you earn every year?"这类问题的正确语法表达时，应注重其文化内涵，使学生能礼貌而得体地完成，达到与西方人和谐交际的效果。三是情感交融。教师与学生交互不仅是传授知识的过程，也是情感交流的过程。教师在融洽师生情感时，要注意从以下几个方面入手，第一，注意教师与学生互爱；第二，要注意教学的民主；第三，用情感去激发和感染学生的感情，引起学生的共鸣。

### （二）同学之间交互

同学之间交互有助于培养学生相互帮助的合作精神，实现由被动接受教学转向主动接受教学，也有利于提高学生的思维能力。

学生之间的交互有以下几种方式：一是以学生个体对全体同学为主的交互形式，包括值日报告和演讲。值日报告内容不限，可以将读到的或听到的新闻，以及个人对一些事件的感受进行交流。学生做完报告后，教师做出适当的点评，用两三分钟时间让全体同学进行讨论。这种形式不但锻炼了学生的胆量和勇气，还大大提高了学生的口语表达能力。演讲不同于表演或谈话，表述方式也比较有难度，演讲前可以给学生 3—5 分钟的准备时间，然后做 2—3 分钟的演讲。学生演讲之后，教师或学生可以就演讲的内容向演讲者提一到两个问题。

二是集体活动为主的交互形式。集体活动最主要的价值在于能够通过讨论和会话，激发学生的口语表达热情。在英语口语交互式教学中，集体活动几乎是必不可缺的。每节课要出两人一组的"pair work"和三到五人一组的"group work"等小组活动方式。因为高校教学班级通常很大，学生个人在课堂上使用语言进行交际的时间非常短暂，而且机会也是非常有限的，这对外语学习，特别是口语练习是十分不利的，充分利用集体活动是弥补当前大班上课这个缺点的十分可行的办法。

另外，有些学生害怕在"大庭广众"下说英语，害怕讲错而受到教师的批评和同学的嘲笑，感觉这样很丢面子。而在人数很少的集体里讲英语，他们感觉要自然得多。集体活动常以完成任务的形式来进行。

### （三）与教学氛围交互

教学氛围通常被认为是隐性课程，因为氛围是"无声的教材"，通过学生的感知器官潜移默化对他们产生影响，进而影响教学效果。因此，不能忽视教学氛围对学生获取知识、提高学习效率所起的作用。尤其在英语口语课上，更要创造良好的氛围，使学生处于轻松、有利于交流的状态，才能使学生想说、愿说、能说。如果教师不能有意识地设计和创造良好的教学氛围，即使教学内容适当，教学方法有效，教师尽职尽责，也很难达到理想效果。

### （四）与教学媒体交互

教学媒体是教学过程中介于教与学之间，携带并传递教学信息，促进教师与学生信息相互交流的工具。教学媒体可分为两大类：传统教学媒体和现代教学媒体。

传统教学媒体主要指非放映性视觉媒体，通常包括教科书、图文资料、报刊、插图、表格、图表及黑板、实物、模型、标本等。现代教学媒体为：幻灯、投影、广播、录音、电子音响、电影、电视、多媒体计算机辅助教学系统、语言实验室教学系统、程序教学系统及网络系统等。

与教学媒体交互有利于引导学生主动参与各种探索活动，有利于培养学生主动获得知识的积极性，能够使学生进行多层次、多角度的思考与判断，增强学习英语的情境真实性。学生能通过画面、纯真的语言、标准的语调进行直接思维和学习。

交互式英语口语教学蕴含着巨大的生命力，有利于激发学生兴趣，调动其积极性和主动性，使学生做到想说，能说，会说。通过交互式口语教学方法的实践，学生学习口语的情感态度发生了明显变化，学生对交互式教学方法持认可态度，并且在语言知识、交际策略和域外文化交际能力上都会有很大的提高。

## 三、交互式教学模式在教学实践中的原则

首先，应努力在教师与学生之间、学生与学生之间建立起平等、包容的交际关系。教师与学生虽有年龄大小、阅历深浅、知识多寡以及社会分工等差异，但在教学这一交际活动中，应力求做到师生平等。教师应尽量避免居高临下的谈话方式，而应把自己放在与学生同等的地位，变学生为朋友，变训斥为开导，用鼓励代替惩罚，努力营造轻松的教学氛围。只有这样，学生才会积极主动参与教学活动，产生师生互动的合力效应，最大限度地提高教学效果。

其次，在口语教学中教师应该把大部分时间留给学生，将学生口语能力的

提高重点放在"学"而不在"教"。毕竟，教师的讲授无论多么生动和深刻，也只能传递有限的信息，只有学生真正掌握了语言技巧并且勤加练习，才能真正提高口语水平。这正如古人所说，"讲之功有限，习之功无已"。因此，教师应将教学重心转移到激发学生学习动机、设计学习任务、组织课堂活动和监督学习过程上来，对学生的学习情况进行及时和善意的点评，引导他们通过刻苦扎实的训练不断提高口语水平。

此外，为了进一步改善口语教学效果，应建立起更为合理的教学评价体系。传统的评价标准主要是检验学生的语言应用能力，忽视了学生的动机、态度、意志、创造力等难以量化的重要因素。这种评价标准往往使口语基础较差的学生长期处于失败的地位而导致自信心失落和学习动力不足，不利于保护学生的积极性。应当根据口语课的特点，建立起形成性评价与终结性评价相结合的评价体系。其中，形成性评价主要是用于衡量学生在教学过程中的参与程度，以此激发他们参与学习的主动性，鼓励他们通过自由交流、开展游戏、角色扮演、亲身体验等形式多样的口语活动，充分感受学习的喜悦，对学生在学习过程中的努力给予及时的肯定。终结性评价主要用于期末考试，其目的在于测量学生在经过一段时间后达到的实际口语水平。教师可以适时根据学生的学习情况，对两种评价的权重进行调整。有时为了鼓励学生参与口语训练，可以有意缩小期终考试成绩的比重。

交互式教学模式使得大学英语口语教学的重心实现了从教师传授知识到培养学生语言交际能力的转移，顺应了素质教育的要求，也是创新教学方法的一项大胆而有效的尝试。当然，培养学生的口语表达能力是一项长期艰苦的工作，非一朝一夕即可完成。作为大学教师，我们只有与时俱进，用先进的教学理念武装头脑，积极改革教学模式，及时总结教学经验，才能不断提高自身的教学水平。

# 第三节　多模态视野下大学英语口语课堂教学模式的构建

随着时代的发展，大学毕业生口语能力受到了用人单位的普遍重视，然而许多大学生在多年的英语学习后，仍然无法说出一口流利的英语。调查显示，用人单位对近年来大学生英语综合能力感到不满，他们认为只有少数大学生具备较强的英语口语能力，而绝大部分大学生口语能力较差或很差。造成这种情况的原因十分复杂，但大学英语口语教学中存在的弊端却是影响大学生口语交际能力的重要因素之一。

自多媒体技术走进课堂以来，外语教学活动也逐渐呈现出数字化和多模态化的特点，这为推进大学英语口语教学，构建多模态化的口语课堂模式提供了可能性。模态是指实现话语交际的符号资源，它可以通过一种或几种媒介来实现。我们感受外界的视觉、听觉、触觉就是感觉模态，而感觉所借助的工具，眼耳手就是媒介。多模态就是交际时所使用的多种模态，如语言、颜色、味道、图像等。多模态话语则是指人们运用听觉、视觉、触觉等多种感官，以语言、图像、声音、动作等符号资源为媒介来进行交际的现象。多模态话语分析理论兴起于 20 世纪 90 年代，最初由 O'Toole 及 Kress 和 Van Leeuwen 提出，之后 New London Group 在 1996 年提出了多模态教学这一概念，主张利用网络、图片、动画、角色扮演等多种教学手段来组织教学，调动学生的各种感官参与到语言学习中。

我国从 21 世纪初开始重视对多模态话语的研究，胡壮麟从理论和实践的角度研究了多模态化和意义的多模态构建；朱永生分析了多模态话语的理论基础及其研究方法；张德禄探讨了在多模态视野下如何运用现代多媒体技术为外语教学实践提供辅助条件和有效指导等。然而目前国内对于将多模态教学手段应用于英语口语教学方面的研究，还没有形成系统化的理论和模型，本文在吸收了前人研究成果的基础上，探讨在多模态环境中，如何利用各种模态的交互来构建新型的大学英语口语课堂教学模式。

# 一、大学英语口语教学中存在的问题

目前的大学英语口语课堂中，教学时间有限，且大部分时间都被教师的讲解占用，学生被动接受知识，缺乏口语表达的机会，课堂气氛沉闷，许多学生认为口语课可有可无，经常缺席。下文主要从教师、学生、教学环境三方面来分析造成当下大学口语课教学效果不佳的原因。

## （一）教师的教学模式无法适应学生的需求

"中国学生的口语练习主要通过课堂教学习得，课堂上教师讲授的语言知识仅仅是陈述性知识，只有通过在具体真实的交际活动中获得某种意识，这些知识才能自动转化为语言技能，纯粹知识的讲解对获得实际的语言交际能力基本起不到关键作用。"然而在当前的口语课堂中，教师仍然占据主导地位，学生的语言输入主要依靠教师话语这一单一模态，教师一味地满堂灌，真正留给学生的时间太少，远不能满足学生大量输出的需求。

尽管信息技术在外语教学中得到了一些应用，但大部分教师在上口语课时仍然依循传统的教学方法和模式。比如，在大学英语口语课堂里，许多教师青睐于使用多媒体课件来辅助教学，但从多媒体课件的设计来看，教师在模态的运用上比较单一，并没有起到全方位调动学生各种感官的作用，造成这类问题的根本原因在于教师并未根据多媒体的特点采用更新的更有效的教学方法和教学模式。

### （二）学生在口语学习中自我效能感低下

"根据班杜拉的学习动机理论，自我效能是指个体对自己是否能成功进行某一行为的能力的主观判断，它影响着个体对行为的选择，付出多大努力以及坚持多久。"

目前中国大学生在进行口语表达时普遍不自信，在课堂上羞于开口，不肯主动发言，更不愿意与外国人交流。越不敢开口越不会说，越不会说就越是不开口，形成了一个恶性循环。由此可见，学生自我效能感低下，对口语学习有一定负面影响。

### （三）外语教学环境不够完善

实践证明，口语教学中创设的情境越真实，学习效果就越好。目前，在大学英语口语教学实践中，通常无法将真实的交际情境直接提供给学习者，这就需要借助现代信息技术来呈现多模态化的教学情境。良好的多模态外语教学环境需要场景、教具、传播媒介等多种条件的支持，然而目前许多大学的外语教学环境仍不够完善，这直接影响口语教学的实际效果。硬件设施的缺乏在一定程度上阻碍并制约着大学英语口语课堂向多模态方向的发展。

## 二、构建多模态化的大学英语口语课堂模式

### （一）教师角色的转变：从主控者到设计师

构建多模态化的大学英语口语课堂模式，意味着教师角色的转变。教师角

色由主控者过渡到设计师，需要开设相关课程，加强教师的理论素养及多模态读写的教学能力，同时学校还可以组织教学观摩、讲座、研讨会以促进教师之间的信息资源共享，提高教师的教学应对能力。

教师将不再局限于过去模态单一，由教师主控一切的教学模式，而是积极采用多模态教学手段，整合各种音频、网络资源和教学软件，实现各种模态的优化组合，设计出图、文、声、形融于一体的口语课，全方位、多层次地刺激学生，使他们从各种渠道感知语言材料。同时，教师应坚持资源最优化配置原则，满足学生的个性化需求，使学生能够有效掌握交际原则，深刻理解语言形式和语言内涵之间的内在联系，从而提高口语表达能力。

### （二）学生角色的转变：从被动参与到主动创造

多模态化的大学英语口语课堂模式，要求学生由过去的被动参与者变成主动创造者。教师可通过在班级营造竞争气氛来调动学生的积极性，如采取小组竞赛制、个人奖励等方式。同时，教师应改变过去单一的评价方式，制定评价表记录学生的课堂表现，作为平时成绩列入期末考核。

现代多媒体技术以不同的形式将丰富、地道的语言材料呈现在学生面前，需要他们调动各种感官去吸收。课堂上丰富多彩的活动，需要学生亲自去参与，学生成为课堂的"主人公"，他们必须充分发挥想象力和主动性完成一个个富有趣味，充满挑战性的任务，创造出课堂教学中的闪光点。

### （三）教学活动

1.营造真实语境，激发交际欲望

口语教学应将语言形式，语言内容和交际规则三大板块融合成一个整体。学生在口语练习中要尽量做到言之有物，避免讲话内容空洞，不切主题。对比传统口语课堂上主要依靠教师讲解这一单一模态，在多模态教学环境下，教师可以利用与主题相关的图片甚至实物来刺激学生的感官，以三维、立体的方式对学生进行信息输入。

例如，在上一堂以运动为话题的口语课时，教师可以先向学生展示一系列相关图片并配上讲解。在学生具备了一定相关知识和词汇后，要求他们把自己想象成某个运动协会的会长，需要为自己的协会设计一张招募新成员的海报，并根据海报内容编一段富有吸引力的纳新宣言。学生在准备完毕后，可依次上台表演，最后招募到会员最多的学生将得到奖励。教师将口语课堂的教学内容与现实生活联系在一起，有利于学生将现实中的交际规则迁移到课堂中来。

只有将语言知识和技能融入真实自然的语言环境里，学习者才能主动地掌握语言。大学生在入学初都经历过社团纳新，因此在面对这个话题时容易产生亲切感，在形式新颖的课堂活动中掌握口语交际策略。教师要求学生亲手制作海报，是利用触觉模态为学生营造交际的真实感，帮助他们消除紧张、懈怠的情绪，在宽松的课堂气氛中进行实战训练，激发学生的交际欲望，切实提高他们的口语能力。

2. 借助影视媒介，发散学生思维

以影视为载体是比较常见的教学方式，它主要指教师借助影视材料中的音频和视频材料辅助教学，强化对学生的语言输入。教师选择的影视材料既可以是原文电影，也可以是新闻视频，或者是从某个节目中截取的片段。将影视教学运用到英语口语课堂中并非单纯的影视赏析，一般在学生正式观看前，教师要给学生布置相应的任务，如要求学生猜测视频中人物的身份、事件的来龙去脉。整个教学过程是在教师布置的各个任务中逐步推进的。

教师可以先让学生观看一段 15 分钟左右、无字幕、无声音的视频片段（视频片段取自某部年代较久远的小众电影，学生先前没有看过），然后将学生按照电影里出现的角色人数分成若干组，要求他们发挥自己的想象力为电影片段中的角色配上台词，现场表演即兴配音。学生根据小组讨论的结果分配角色，每组有 10 分钟准备时间，准备完毕后依次上台表演。所有组表演结束后，由教师播放视频原版的内容进行比较。学生丰富的想象力有利于营造活泼的课堂气氛，达到良好的教学效果。

在这个案例中，教师设计的"影视配音"让学生通过视觉和视频进行互动，然后根据他们的巧妙构思设计出合理的情节。轻松、愉快的教学环境激发了学生的主动性和学习兴趣，自我效能感也在无形中提高，用英语表达变得不再那么困难。

3. 善用图片或实物，辅助口语表达

在设计一堂以风景名胜为话题的口语课时，教师可以先在课前要求学生搜集大量家乡、母校的照片或录像并做成课件，然后在正式上课时，放一段从英文旅游节目中截取的视频，内容可以是针对某著名景点的介绍。教师协助学生归纳出视频中与旅游有关的典型句式和高频词汇，以供学生在之后的口语练习中参考使用；接着教师布置给学生一个任务：担任导游。学生可以结合事先准备好的课件，用英语向大家介绍母校或家乡的风光。在这个案例中，教师鼓励学生运用所学向别人介绍家乡或母校的风光，有利于引起学生的情感共鸣，领会到说英语的乐趣。在活动过程中，教师负责为学生录像，并从中挑选一些较好的录像，和学生一起观看点评。

学生学会借助图片、照片等工具来辅助他们的口语表达，利用多模态之间的协调性，能够有效地还原社会交际的本来面目，其多模态处理信息能力也在无形中得到了提高。

4. 协调多种模态，渗透文化内涵

文化扎根于语言，多模态的教学手段能有效地将文化内涵和语言学习结合起来。以英语口语课堂中常见的活动形式——话剧表演为例，学生可以通过排练话剧，体会剧中人物的情感，然后以自己的方式表演出来，这既练习了学生的口语，也考验了他们的表现力与感染力，能够有效地将文化意识融于口语实践中。

以一堂采用话剧表演形式的口语课为例，教师提供给学生《哈姆雷特》的英文剧本，学生自发组成若干个小剧组，根据组员的讨论安排表演片段并分派角色。

正式上课时共有三个小组，分别表演剧本中三个不同的场景片段。学生为了更好地还原剧本原貌，都使用了背景音乐来烘托气氛；有的学生为了使表演活灵活现，竭力模仿剧本中人物的举止习惯和谈吐；更有一个小组特意装扮成剧中人物的模样。

教师在整堂课中没有插手学生的表演，一直充当着台下的观众，仅在表演结束后，针对每组的亮点或缺陷提出了自己的看法，并与学生共同讨论。

学生的话剧表演，将服饰、发型、道具等静态资源和声音、表情、动作等动态资源都纳入口语实践过程中，"这种真实的语言环境能帮助他们摆脱母语思维模式的羁绊，调动感官及大脑对语言信息的综合反应，自然地吸纳语言。"同时视听模态的融合，给学生全方位、多感官的体验，能更好地向学生传达语言中的文化内涵，培养他们的多模态话语交际能力。

积极的模态配合能产生正面作用，而消极的模态配合有可能导致负面效应。教师在对模态进行选择时应从实际角度来衡量，适当借助多模态元素。在构建多模态化的大学口语课堂模式时，应以教学内容为主线，有针对性地甄选相关材料，求精不求多，避免出现喧宾夺主，本末倒置的现象。否则，大量声色俱佳的多媒体信息充斥于课堂，容易分散学生的注意力，影响课堂教学效果，且过度堆积的信息资料也会使学生疲于接受、难以消化。

多模态教学方式是一把双刃剑，如何妥善合理地发挥它的作用需要教师不断地努力。从长远来看，多模态教学手段在大学英语口语课堂中的应用具有独特的优势，是新时期口语教学改革的方向之一，但目前国内的多模态话语分析理论的研究框架和分析方法仍需完善，同时多模态英语教学中教师自身的发展问题也值得进一步探索研究。

# 第四节　大学英语口语教学模式和实践

教育部高教司于 2004 年颁布了新的"课程要求"，标志着新一轮教学改革的全面启动。新"课程要求"指出，大学英语的教学目标是"培养学生的英语综合应用能力，特别是听说能力，使他们在今后的工作和社会交往中能用英语有效地进行口头和书面的信息交流，同时增强其自主学习能力，提高综合文化素养，以适应我国社会发展和国际交流的需要。"显然，大学英语教学改革新的课程要求从根本上改变传统的教学理念，提出"培养学生的综合应用能力"的目标，并将听说能力作为体现综合应用能力的关键要素之一。

在充分理解新"课程要求"精神的基础上，突出大学英语教改中口语教学的重要性，高校外语教育系大英教改项目组（教育部大学英语教改样板单位）构建了以计算机网络视听说自主学习＋多媒体读写译大班授课＋口语小班辅导（25—30 人）的教学平台，特别将口语课设置为一门独立的课型，对其进行了深入的实践探索。

## 一、更新教学观念，构建英语口语教学模式

长期以来，我国的大学英语教学中能够体现"听说能力"培养和训练的"口语教学"只是作为一种教学手段被纳入灌输式的教学过程中，而没有作为独立的课型受到应有的重视。据中国外语教育研究中心在我国 48 所院校的 900 多名大学英语教师中进行的问卷调查中显示，只有 3% 的教师对学生的口语活动提出了要求，说明大学口语教学长期缺位，并造就了一代又一代"听不懂""说

不出"、难于交流的"哑巴"外语人才。其结果不仅违背了语言的交际功能，更缺失了对学生综合素质的培养。因此，更新教育观念，把握语言学习特点，建立口语独立课型，创建口语教学模式势在必行。基于上述认识，在英语口语教学中，我们根据口语教学的基本特点，设计了有效、互动合作式的教学模式。该模式倡导尊重学生的人格和个性，构建平等的师生关系，强调师生互动、生生互动、课内课外互动的教学过程，以多样化的教学方式、方法激发学生的学习兴趣，培养学生学习的主动性和自主性，在生动活泼的教学活动过程中实施听说能力的培养。同时使学习在课堂以外得以延续。该教学模式除传授一般的语言知识与技能外，更加注重对语言运用能力和自主学习能力的培养，顺应了新"课程要求"对教学模式转变的要求。

## 二、英语口语教学模式的实践探索

口语教学应以师生互动、生生互动、课内课外互动的方式贯穿于大学学习生活。如何既能利用好课堂教学的有限时间，又能将课堂教学延续到课外，高效地完成口语教学，需要增强现代教学观念，更要重视教学方式、方法的创新。

### （一）课前预习，充分利用计算机网络学习环境，培养学习自主性

学习自主性是语言学习过程中的先决条件，但学习自主性并不意味着教师对学生的放任自流，它是在学习过程中不断培养而获得的，需要不断"教育干预"。影响语言学习自主性的主要因素是"学习动机和学习态度""学习策略"，而个体差异则在这几方面中突出表现出来。因此尊重学生个性发展，注重学习兴趣、学习主动性积极性的培养及学习策略的开发，无疑是英语教育的重点。新"课程要求"进一步明确并强调自主学习能力的重要性，在实践中，教师要思考学生应该学什么、怎样学以及如何培养学习自主性。课前准备阶段，对学生的要求之一就是有效利用计算机辅助自学教材里的学习材料，从中收集和整理出实用的词汇、短语、句型，并且记忆。要求之二是鼓励学生通过网络搜寻各种与课题相关的信息，包括更多的词汇和表达方式，有关主题的文化背景知识，甚至引发兴趣的娱乐材料。通过课前准备的两点要求，一方面帮助学生逐渐明确自主学习的重要性及方法，另一方面还激发了他们的学习兴趣，丰富了他们与语言密切相关的文化知识，使他们能积极有效地参与到课内外口语学习上来。

### （二）课堂教学，师生互动，生生互动，培养兴趣，增强交流

第一，营造丰富多样的课堂环境，开展兴趣教学。口语课堂教学不仅仅是知识的传授，更重要的是如何培养学生的学习兴趣和学习主动性，并促使学生自然地将课堂教学延续到课外。为激发学生对口语学习的兴趣，课堂活动设计及课件制作都至关重要。语境设计遵循的原则是：（1）时尚性。话题具有时代感，例如"时尚""网络""广告""电影"等。有时，话题设计并非完全局限于课本，针对时局，一些社会热点也不失为引起热烈讨论的中心议题。（2）常识性。讨论题以常见的简单问题为主，使学生可以从切身感受说起，切合实际，饶有趣味。（3）多样性。课堂活动宜多样，不必拘泥于某一种形式。根据每个课题的特点及要传授的知识点采用适当的课堂活动方式，如师生、生生问答，讨论、评论、辩论、角色表演等。这些练习均以互动合作方式完成，旨在培养学习兴趣，鼓励交流，在互动合作中互惠学习。（4）趣味性。在多媒体教学技术辅助下，一方面利用色彩、音乐、图片等刺激感官兴奋性，活跃课堂气氛，另一方面利用丰富的教学资源设计内容，如将相互联系的一组图片展示给学生，要求看图说话或发挥想象力编撰故事；插放一段情景对话，要求学生模仿。这些教学素材无疑有助于开展形式多样的课堂活动、扩展思维、诱导思考、激发参与活动的兴趣。

第二，教师为主导、学生为主体，在交际法教学原则指导下开展互动合作式教学。交际法教学强调语言的交际功能，语言运用的得体性和实用性。在模拟真实语境中引导学生进行有交际意义的可理解性输出，培养学生进行自然、流利的语言交流，是交际法教学的核心。在口语课堂上，在确立以学生为主体的教学理念的基础上，教师的角色定位为课堂学习的组织设计者，课堂活动的指导协作者，学生学习的评判诊断者，自主学习的启发帮助者。教师在模拟真实语境引导学生进行有交际意义的语言操练的同时，注意营造轻松愉快的课堂气氛，在组织各项课堂活动时始终保持和学生之间的地位平等，并将自己积极纳入师生互动、生生互动的语言交流中，在适时的时候提示、纠错、点评、表扬、鼓励。课堂布局始终呈动态，不断变化。由于活动需要，学生随时会交换座位，寻找合作伙伴，形成不同组合。这种以学生为中心的课堂鼓励学生抛弃羞怯感，充分发挥潜能，互动合作，在完成每一项任务的同时使自己的口语能力得到快速提高。

第三，教学中知识的非自然输入不容忽视。为避免因采取以意义交流为核

心的交际法教学而忽视语言形式，教学中还强调非自然输入对二语习得的帮助。在进行了比较研究后首先证实"可理解输出不足以在实质上帮助语言能力的习得，要发展语言能力更理智的做法是增大可理解输入"又进一步证明"以大量词汇、短语、句型为核心的非自然输入能迅速提高表达能力"。因此，少量时间对固定表达方式和句型的输入是每堂课必不可少的内容，它有效地将学生的注意力平衡分配在意义和语言形式之间。本着"基于课本，高于课本"的教学原则，每节课划分出一定量时间（约为20%）和学生一起回顾、提炼课前自主学习知识的精华，在必要的时候适量补充课本外相关的语言、文化知识。一些专门设计的课堂练习还会引导学生反复操练这些词汇、短语和句型，一方面达到了学生对语言形式的重视的目的，另一方面达到了对所学知识的检验和巩固的目的，使语言的准确性、复杂性得到提高。

### （三）课内课外互动，使课内学习在课外得以延续

通过课前对学习自主性及学习策略使用意识的培养，课前及课内对学习兴趣和动机的开发，个性及口头交际自信心的建立，重要知识结构的构建，学生已具备了在课后自主巩固知识、拓展知识的兴趣和能力。互动合作式教学模式的意义还在于课外将具有浓厚学习兴趣的学生纳入自主学习中，使之成为课内学习在课外的延续。

要鼓励学生在课外口语练习上保持互动合作式的学习方式。课内有限的时间对于学好口语是远远不够的，大量的操练，必须由学生利用课余时间自主完成。在课堂完成的各种合作式练习中，学生或组合成对，或成组，且成员及人数不固定，已经形成了合作完成口语练习的意识。在课下，鼓励学生选择一个相对固定的练习伙伴，加入一个相对固定的学习小组，以完成不同的学习任务，在互助合作中交流、学习。除面谈、电话交谈以外，由于具备网络资源的优势，应鼓励学生或以 E-mail 的方式与教师和同学在课下沟通，或在班级聊天室里"会面"。师生间、生生间可以探讨学习方法、教学方式，可评点、可建议，还可以分享好的学习资料。这种互助合作的学习方法意义不仅在于帮助学生在交流、互助中高效学习，还在于培养学生的团结互助精神、集体参与意识和社会交往能力。

在口语教学实践中，这种互动合作式教学模式得到了学生的积极的评价。从课堂表现来看，学生的口语水平在语言的长短和连贯性、范围和准确性、灵

活性与适切性上均有显著的提高。与没有参与大学英语教改的其他普通班相比，学生口头交际能力及开口讲话的自信心均有较大的增强，该教学模式已逐渐通过各方面体现出价值。

# 第六章　新时代背景下大学英语阅读教学

## 第一节　大学英语阅读教学面临的问题

### 一、教学条件方面的问题

#### （一）教材设计不合理

教材是开展教学的基础，并且还会直接影响教学效果。但是，从我国目前高校所使用的教材的情况来看，其在整体设计上存在着严重的不足，而且内部的连续性也不够理想。

总体来说，就是我国的大学英语教材的重点还是集中在对阅读能力的培养上。虽然表面上教材的设计遵循的还是逐层深入的原则，而且各阶段的侧重点也很明显并且符合本阶段学生的认知规律，但是，各学习阶段之间缺乏必要的过渡性，因此就造成了衔接不够流畅的局面。

这种教材中存在的脱节的情况对教学效果来说具有一定的负面影响，并且也阻碍了最终教学效果的达成。我们需要注意的是，在开展阅读教学时要在一定的循序渐进原则的支持下进行，不同阶段的学生所应该接触到的学习资料是有所不同的。但是教材衔接的不连贯性，导致学生的整个阅读训练不流畅。对于学生来说，掌握基本的阅读进程已经有一定困难了，更别说是要使阅读能力得到相应提升了。

还有就是，从整体的教材内容上来看，所选择的文章在主题上也存在结构性不足的情况，而且各主题在数量上也是不均衡的，在广度和深度上都需要进一步提升。此外，教材所选内容与学生的实际生活严重偏离，这就在一定程度上导致了学生的学习兴致得不到充分调动，学习效果不理想。

### （二）课程设置不够合理

目前，全国范围内的很多院校没有对英语阅读教学有一个清楚的认识，而将其看成一门具有辅助性质的课程。此外，阅读教学中精读与泛读在课程设置方面也存在着不同等对待的现象。这种重精读、轻泛读的现象使教师和学生都从心理上开始忽视泛读方式的存在，从而导致由泛读培养起来的阅读技巧无法发挥应有的作用，而且这也与我国英语教学所倡导的健康发展的目标是不一致的。

## 二、教师方面的问题

### （一）教学方法单一，缺乏创新

大学英语在推进改革的过程中也在不断强调要丰富教学方法，改进课堂教学形式，但是这也要经历一个相对较长的过渡期，不可能做到一蹴而就，所以现阶段的英语课堂上教学形式单一依然是存在的。这种传统的教学方式依然以教师为主体，而学生的主导作用还体现不出来，从而也进一步影响了学生的积极性，导致他们的学习兴致不高，提升学习效率更是无从谈起。总之，传统的大学英语教学方式是要随着改革进程逐步被取代的，其存在一定的弊端，但这个过程的改变也需要一定的时间。

### （二）存在严重的应试教育倾向

在我国的英语阅读教学中，应试教育的倾向还是比较明显的。大部分教师依旧注重学生英语四、六级考试的通过率。但是由于这些考试类的检测方式大部分比较侧重基础知识和阅读理解能力方面，而对符合交际要求的口语方面的测试比重少之又少。虽然在教学改革背景的压力下，这一现象有所缓和，但是"冰冻三尺，非一日之寒"，想要使这种现象得到彻底解决也并非一朝一夕之功。正是由于这种倾向，学生的阅读水平无法得到有效提升。所以教师在教学过程中要特别注意应试教育对英语教学的负面作用，尽可能地将这种影响降到最低，以便英语教学可以顺利开展下去。

### （三）教学观念落后

我国是一个地域辽阔的国家，而且各地的经济发展水平是不一致的，这就导致了国内的英语教学并不能保持在一个同等的水平。虽然有些发达地区的师资水平比较高，信息技术比较发达，也有机会接触到相对先进的教育模式，但是，更多地区的师资水平是达不到这个阶段的，这就导致了这些地区的信息比较闭塞，教师的教学观念也达不到教学要求所规定的层面。这样的后果就是那些地区的学生无法从根本上掌握最先进的教学理念来提升自己的英语综合能力水平。

## 三、学生方面的问题

### （一）母语思维影响

语言方式的形成受所处语言环境的影响是非常明显的，这主要表现在文化和思维方式方面。我们知道，英汉两种语言在使用上是有很大区别的。例如，在英文句式中，句子中只可能有一个谓语动词存在，而且动词还具有形态上的变化，是整个句子的灵魂所在，然后在一些连接词的作用下组成具有深意的句子。而汉语的表达方式通常是在多个动词的连接作用下按照时间的先后顺序和事情的发展规律形成一种流水句式，是一条线下来的。

另外，汉语的表达方式是句首习惯放的是描述性的信息，但这些信息又往往是次要的，而句尾部分却放的是重要的信息。反观英文句式的表达却是完全相反的情况。学生如果无法从根本上对中英句式上的这种差异进行掌握，那么在实际的阅读过程中就会导致阅读速率的下降和阅读理解的偏差。

从这个角度来说，教师在进行英语阅读方面的教学时，不应将注意力只停留在片面的语言知识的传授上，还应该时刻注意加强对学生的跨语言思维能力的训练。

### （二）阅读习惯不良

阅读习惯是影响阅读质量的一个重要因素，学生不良的阅读习惯对阅读质量和阅读效率产生的是消极的影响。在进行英语阅读时，学生的不良习惯主要有：用手指着跟读、不能聚焦阅读、换行时无法快速聚焦等。

学生的这些不良阅读习惯阻碍了阅读速度的同时，也对学生的理解能力和思维的连贯性产生了影响。为此，教师在进行阅读教学时要注意培养学生良好的阅读习惯，帮助他们提高阅读的质量和效率。

### （三）背景知识欠缺

现代教学观认为，教学活动的主体应该是学生而并非教师。因而，自身的问题也就成了阅读能力难以短时间内获得提升的制约因素。就目前来看，学生背景知识的欠缺依然是阻碍阅读的关键。

对所学语言的知识背景了解不充分也是造成阅读能力无法提升的一个重要方面。背景知识是一个非常广泛的概念，不仅包括语言本身，还包括语言所处的人文环境、学生自己的经历等方面。不可否认的是，那些拥有相对宽泛知识背景的学生在理解文章时确实要轻松一些，因为有些词语的意思是根据特定环境来说的，只有在一定的环境下它才表示该意思。在交际过程中有时也会因为不了解语言背后的真实含义，只根据字面意思理解而产生很多误会。所以，对于大学生来说，在进行英语学习时要尽可能多地了解那些西方国家的人文底蕴，这样在阅读时理解起来就会相对轻松一些。

# 第二节　读的心理机制与认知过程

## 一、读的心理机制

阅读是一个认知和言语交际的过程，也是极为复杂的生理、心理过程。美国的心理学家 Goodman（1967）认为"阅读是一种心理语言的猜测游戏"。这一猜测游戏过程的完成要求读者利用所掌握的阅读能力，领会作者通过语言符号想要传达的意图，将这些符号意义化，从而达到与作者思想上的交流。阅读理解活动不是被动的"刺激—反应"过程，而是人们主动接收和加工新信息的过程。阅读的过程实质上就是对语言信息的理解过程。

## 二、阅读的认知过程

### （一）言语知觉层级

这一层级指读者对语言符号的视觉刺激做出语言信息组成单位的区别性视觉反应，辨认出单词、词组、句子和标点符号等语言表层结构，成为下一层级活动开展的基础。

### （二）词汇理解层级

在通过语言知觉形成语言表象之后，进行言语理解的首要任务是理解词的意义，即调用工作记忆寻找、发现储存在这个表象之下的关于词的语法和语义信息。

# 第三节　大学英语阅读教学的内容与目标

## 一、大学英语阅读教学内容

大学英语阅读教学包含培养学生的各种阅读技能，通常包含培养跳读技巧、推理能力、概括信息和理解主题等方面。

## 二、大学英语阅读教学目标

《大学英语课程教学要求》中对英语阅读教学所要达到的目标提出了以下三个层次的要求：

### （一）一般要求

1. 基本上具备略读的能力。

2. 可以将掌握的实用阅读技巧应用于阅读过程中。

3. 当阅读那些篇幅相对较长或者是生词较多的文章时，阅读速度可以实现每分钟 100 词。

4. 阅读速度基本上可以达到每分钟 70 词左右，可以大致读懂具有一般性题材的英文文章。

5. 可以读懂一些日常的文体材料。

6. 可以在工具书的帮助下进行本专业英语教材和相关报刊的阅读，基本上掌握大意和主要脉络。

### （二）较高要求

1. 可以阅读并大致理解所学专业的文献，掌握主要的信息。

2.在按照要求进行快速阅读材料时，针对那些稍有难度而且篇幅较长的文章其速度以每分钟 120 词左右为宜。

3.对那些英语国家的报刊性文章基本可以理解，阅读速度以每分钟 70～90 词为宜。

### （三）更高要求

1.可以流畅地阅读本专业的相关英语文献和资料。

2.可以在一定程度上理解稍有难度的文章，掌握大意和中心思想。

3.可以阅读国外一些英语报纸杂志上的文章。

总体说来，上述这些要求和目标在一定程度上成了我国英语教学的指导性原则。尽管如此，教师也不可照搬硬套这些原则开展实际英语教学，而是要从实际出发，以学生为中心，制订出合适的教学计划，以此来保证教学效果的实现。

# 第四节　大学英语阅读教学新方法

## 一、阅读理解模式

阅读是指发生在大脑里的一种认知心理活动，下面两种阅读理解模式解释了阅读的发生过程。

### （一）自下而上的模式

这一模式的主要代表人物有 Gough，La Berge 和 Samuels 等。Gough（1972）认为，阅读的过程是呈线性发展的。首先，这一过程的起点为眼睛注意到所要阅读的文字，然后通过眼睛的扫描将影像传输到大脑中，最后经过大脑的一系列工作将其转换成我们需要的语音模式。当书面词汇被大脑识别以后，它就被存储在大脑中而形成最初的记忆。初级记忆堪称一个具有储蓄功能的空间，可以容纳相当数量的词汇，这一过程一直持续到大脑可以准确识别出这一单词的正确含义为止。

基于上述过程我们可以将阅读的过程理解为一个解码的环节。所阅读的文章是作者用文字和符号在一定的语法规则下组织成的程序。而阅读者就是将其按照语法规则进行解码后再理解，从一个单词到短语、再到句了、到段落，直至最后完成对整篇文章的理解。在这一原则的指导下，理解一篇文章离不开对语法规则的掌握，同时也离不开对字母的辨别。

### （二）自上而下的模式

支持这一理论的代表人物有 Smith 和 Goodman 等。Smith 认为，阅读理解的核心是进行大胆推测，即根据现有的理解去推断不理解内容的含义。读者在选择使用这一理论时有时需要临时做出快速决断，然后再根据后面的理解去验证这一决断的正确与否，如果显示是错误的，就需要再及时进行改正。

基于这一模式，读者就不需要将文本中提供的提示全部使用了，只需要根据一些具有提示性的信息来大胆推测即可。目前，高校进行的阅读也是一种选择能力的体现，而并不是精确感知所有语言成分。

## 二、合作阅读教学

合作阅读教学的方式是基于组内合作的形式建立起来的，这种方式就是要让学生懂得互助，然后通过讨论交流彼此的观点和看法，这样就会加深对文章内容的理解。这种方式对大部分学校的课堂活动来说都是适用的，尤其是那些学生水平相差较大的班级，合作阅读的教学效果最为明显。同学们通过互助和合作使得词汇量和合作意识都得到不同程度的提升。

具体来说，合作阅读法的过程可以概括为以下四个阶段：

### （一）读前预习

只有当学生熟悉了课文，教师才能顺利进行教学。为防止学生在预习过程中的过度盲目性，教师可提前给他们一些预习题，然后在课堂上进行检查。

1.阅读课文，找出并设法弄懂你认为比较重要和难懂的词句以及习惯用法等。

2.试着回答课后的练习题。

3.结合文章内容对整篇课文进行划分，然后对各划分段落进行大意总结。

通过预习，学生就从被动的状态中解脱出来了，这样在上课时就能做到心中有数。

### （二）细节阅读

细节阅读换句话说也可以理解为精细阅读。这时要阅读整篇课文，围绕课文回答 5 个 W（who，where，when，what，why）问题，这类问题一般均可以从课文中直接找到答案。这类问题通常是比较多的，抓住重点内容进行提问，以此来促进学生的实践能力提升，实现学习目的。

### （三）粗略理解

这一阅读理解过程中主要掌握的是对答案的正确与否的判断。检查粗略阅读理解，加强对涉及文章内容的叙述性因素的发生顺序的暂时记忆，根据原来掌握的旧词汇学习新词汇。

### （四）合作学习法的应用策略

合作学习主要分为师生间合作和生生间合作两种方式。但是从本质上来说，无论采取哪一种方式，都是以合作为出发点展开应用的。所以，为了在教学过程中使合作的意义发挥到最大，其中一定的策略方法的使用是必不可少的。

1. 分组策略

对学生进行小组划分也并不是一件简单的事情，需要考虑的因素是多方面的。如此一来，就会使得各小组之间觉得这样的分组是合理的且是公平的，而各组内的每个成员都可以获得相同的竞争机会。具体应该用什么样的方式来进行分组，在前面的章节中已经讲过，在此不再赘述。

2. 问题设置策略

教师的课堂授课从某个角度来说对学生的合作学习模式起到了一定的促进作用，在这一过程中教师的作用就是通过最短的时间将所用到的语言知识和交际信息以合理的方式向学生进行传递，然后在关键处设置问题关卡，以此来吸引学生的注意力和调动课堂积极性。还有就是，教师所设置的问题要具有一定的水准，是具有深度的，可以激发学生的探究兴趣。如果问题设置得太过简单的话，就会无法吸引学生的注意力。

3. 指导策略

合作学习要始终坚持学生的主体地位不变，教师起到处于辅助地位的指导作用。此外，教师在这一学习过程中还负有监督的责任，就是要实时掌握小组内成员的学习状态，对每个成员进行学习任务的指导。还有就是，教师需要采取多样的方式促使学生敢于合作和交流，以实现信息的共享，培养小组成员间的团队合作精神以及适当的竞争意识，从而指导自学能力的形成。

4.评价策略

合作学习并不意味着成员一直都是合作的关系，在一定情况下也会有适当的竞争关系的存在。其实竞争与合作的关系是相辅相成的，在某种环境下甚至是可以发生相互转化的，合作是为了更好地竞争。这样一种关系的建立会促使学生的学习兴趣得以有效提升，而对这一过程提供助力的就是评价策略了。出于对这种情况的考虑，教师在进行英语教学的过程中就要对小组每个成员的个体表现或者是组内整体表现进行监督，仔细观察学生所表现出来的积极方面，然后在最后评价的过程中对这些积极的方面进行鼓励和支持。这样的话，学生的身心就会受到极大的鼓舞，感觉自己是有用的，在日后的学习过程中会更加用心。但是如果这种情况是相反的，教师对学生的进步视而不见，就算是在评价阶段也主要是针对学生的一些不足之处进行放大处理，久而久之，学生由于长期处于一种消极和压抑的环境之下，学习兴趣也会受到重创。从这个角度来说，学生的积极性和正面评价策略是正相关的关系。

## 三、结合元认知策略进行教学

美国的乔姆斯基提出的理性主义猛烈抨击语言学习经验主义的行为主义理论。他创立的转换生成语法理论认为，语言是受规则系统支配的语言，人类的绝大多数语言运用不是行为模仿，而是从隐含着的抽象规则中创造出新的句子，句子不是模仿和重复所得的，而是由学习者的语言能力（内在的语言知识结构）转换而成的。

结合上述理论，美国心理学家弗拉维尔（Flavell）在 20 世纪 70 年代首次提出了元认知（metacognition）这一概念，即认知主体关于对自己认知过程、结果以及相关活动的认知。

# 第七章　新时代背景下大学英语阅读教学改革研究

## 第一节　大学英语阅读教学中互动教学的应用

### 一、大学英语阅读教学中实施互动教学模式的必要性

在大学英语教学大纲中，对英语阅读方面的规定大致如下：熟练有效地运用英语阅读方法和技巧；能够阅读英语中出现的频率较高的应用文体；在词典等阅读工具的帮助下能够读懂英语教材或部分报刊文摘；对于所学专业的英文综述文献，能够把握细节，抓住中心意思。我国传统的大学英语阅读教学模式侧重于对书本知识的讲解，强调教师教、学生学，以课堂学习为主。学生始终处于被动状态，只需机械记忆即可，缺乏主动探索意识，更不用谈交流合作学习了。在这种情势下，引入互动教学模式已经显得刻不容缓。在互动教学模式中，英语阅读教学不再是灌输式的，而是鼓励学生积极参与、主动学习，在探索中勤于思考，在交流中学会合作，在分析中解决问题，教师在旁边只是起到辅助和指导作用。

### 二、互动教学模式在大学英语阅读教学中的实施原则

传统教学模式的中心点是教师，而互动式教学模式的中心点是学生。顾名思义，互动教学的重点即为"互动"，强调的是教师与学生之间的互动，以及学生与学生之间的互动。师生共同组建成一个彼此依存、团结合作、互相沟通的团体，这是互动教学模式区别于传统教学模式最根本的特征。在大学英语阅读教学中实施互动教学模式，必须遵循以下原则：一是开放性原则，即要求整

体学习氛围较为轻松开放，鼓励学生进行大胆有创新的探索和思考；二是实践性原则，即在教学过程中开展小组活动，并充分融入课程内容，让学生在潜移默化中提升英语阅读、表达能力；三是层次性原则，即根据不同学生在知识储备、学习技能、综合素质等方面的差异，来有针对性地开展分层教学策略；四是问题中心原则，即鼓励学生勇于提出问题，带着问题在交流互动中进行深入分析和研究，而教师也要在一旁加以引导，以帮助学生找出有效合理的解决方法。

## 三、大学英语阅读教学互动教学模式中的教师和学生角色

### （一）教师角色

在互动教学模式中，首先，教师是整个教学活动的掌控者，不仅需要制定好自己的教学目标，规划好教学课程的具体步骤，而且能够主导课堂教学，按照事先规划有条不紊地推动教学进度，从而取得较为理想的教学成果；其次，教师是教学活动的组织者，是教学活动是否得以顺利进行的关键，开展什么样的教学活动，如何开展教学活动，怎样在教学活动中衔接课程内容、提升学生学习效率，这些都需要教师进行精心安排；再次，教师是教学活动的设计者，需要有灵活的头脑和出色的智慧，在程序设置上要懂得循序渐进，在时间安排上能把握分寸，在课堂活动的设计上要丰富多样；此外，教师是教学活动的促进者，对于学生，教师要展现出十足的耐心，帮助学生提高学习兴趣、找到学习方法、克服学习难题，从而促进学生获取良好的学习成绩；最后，教师还是教学活动的互动者，要求教师和学生之间进行互动，不仅如此，教师还要充分了解学生的心理特征和思维方式，真正走近学生，以便更好地开展教学活动。

### （二）学生角色

在大学英语阅读教学互动教学模式中，学生不是被动的阅读接受者，而是作为阅读的主体，是主动的参与者，要积极学习阅读方法和理念，用已经掌握的知识和技能来对英语读本进行分析、梳理。以学生为中心，强调学生在教学中的主体地位。主体性阅读最为重视的是学生的"学"，而并非教师的"教"，学生要积极主动参与到英语阅读中，有效并熟练运用多种阅读技巧，努力培养英语阅读兴趣和阅读习惯，学会分析英文文章的各类体裁和结构。所以说，互动教学模式中的学生和教师这两者的关系可以用"搭档"来形容，学生要依靠

教师的指导来完成阅读训练，提升阅读效率，而教师也要通过掌握学生的学习特性和知识结构来制定相应的教学目标，提升教学效率。

## 四、互动教学模式在大学英语阅读教学中的具体应用

### （一）准备阶段

1. 确立学生主体观

首先教师要从思想上认同互动教学理念，并加以认真学习，尽快树立以学生为主体的教学观念，支持和鼓励学生积极参与到教学活动中来。

2. 调整原有的教学方式、方法

不少教师认为，在互动教学模式中，教师不再是教学活动的主宰者，而只是引导者和组织者，这大大降低了教师的地位。实际上，这种观念是错误的，互动教学模式不仅没有降低教师的地位，而且还对教师提出了更高的要求。教师必须提前把握课程内容，制定教学目标，并且规划好课堂教学程序和时间，设想学生在学习过程中遇到的种种问题，这样才能在教学过程中给学生创造更多的参与机会。

3. 培养学生学习的兴趣和良好习惯

提高大学英语阅读教学效率的一个重要途径就是培养学生的阅读兴趣和阅读习惯。这就要求教师要做好准备功课，例如安排学生阅读一些轻松有趣的英语文章，诱导学生享受英语阅读体验；组织学生进行英文课文阅读预习，促进学生养成良好的阅读习惯。此外，教师还要想方设法增进学生阅读的自信心，可以教授学生一些有成效的阅读技巧和方法，如 skimming（略读）、scanning（寻读）。

### （二）实施阶段

1. 让学生通过不同的互动方式整体理解课文内容

学生可以通过互动的方式来提升英语阅读效率，从而加强对课文内容的理解。教师可以在课前就课文背景、重难点内容、学习任务等对学生进行引导提示，以帮助学生提前预习好课文，为接下来的课堂教学做好铺垫工作。学生在教师的指导和提示下了解课文重点内容，解决课文难点问题，并结合以前学过的知识进行温故学习，这样既可以做好课文预习功课，又可以为接下来的小组研讨打好基础。在开始讲课之前，教师安排同学进行小组讨论，可以四人组成

一组，组内成员分别汇报自己的学习情况和心得，然后四人轮流问答，最后由组长进行归纳总结，对于不能解决的问题，可以汇报给教师，让教师进行指导和解决。在小组研讨之后，教师应该对各小组的互动表现进行总结评价。需要注意的是，总结评价要按照一定的评价标准来进行，要做到客观、全面、公正，对于表现最为突出的小组，教师要给予表扬以资鼓励；对于小组研讨过程中出现的问题，教师要明确指出来。

2. 让学生通过协同研讨掌握语言点

教师应该鼓励学生在阅读的过程中发现语法知识点，然后进行解释和补充，并将这些语法知识点再次运用到阅读之中，这样才能真正帮助学生养成自学的能力，以及把握要点的能力。针对语法知识点的互动教学，可以采用协作讨论的组织方式，例如将学生分成三部分，分别负责找出知识点、解释知识点和总结补充，并且要求每一部分学生都各司其职。这样一来，就能充分调动所有学生的参与积极性，发挥了每个学生的主观潜能。同时，教师在学生讨论后的总结中，也可以发现他们对知识点的掌握情况，然后对课文难点内容进行补充和纠正。这种有趣活泼的互动教学，不仅让学生学习起来更加轻松，其学习效果也比教师"自说自话"要好很多。

### （三）总结阶段

总结工作贯穿于教学活动的各个环节，包括整个学年、学期，甚至是每一堂课。教师要观察学生更喜欢哪种教学形式，只有把握住了学生的兴趣取向，教师的"教"与学生的"学"才能相得益彰。同时，教师还要听取学生的意见，每个单元结束后对学生的意见进行一次总结分析，以便摸索出更多的课堂组织形式，从而进一步巩固对学生的吸引力。

在大学英语阅读教学实践中，互动教学模式之所以成功，主要是因为：首先，互动教学模式营造出来的课堂氛围较为有趣轻松，这不仅有利于学生主动参与和互动，而且也让学生意识到了自己是学习的主体。教学活动不只是教师一个人的事情，而是需要学生的配合才能顺利完成。其次，互动教学模式让学生有更多的机会参与到教学活动中，有助于学生在交流互动中学习英语阅读技巧，培养阅读兴趣和阅读习惯，不断提升阅读效率。最后，互动教学模式能够切实激发学生学习英语的积极性和主动性，以前的教学体系，教师是教学的主体，承担传道授业的重要作用，学生的学习都是被动的，是老师在推着走，缺乏学习兴趣。而在互动式教学模式下，学生更充分地融入教与学中，通过教师设计的各种互动式形式，学生更容易产生学习英语的兴趣。学生有了学习的兴趣之后，教师讲起课来也更加具有热情和激情，这样一来，其教学成效就能在互动中不断得到提升。

# 第二节　以提升应用能力为目标的大学英语阅读教学模式

对大学英语阅读理论的研究，受国内外学者广泛关注。在外语教学中，阅读教学是最为重要的环节之一。根据大学英语教学目标，要求在教学中强调培养学生的英语综合应用能力，提高学生用英语获取相关信息，并能用英语有效地提出问题、分析问题和解决问题的能力。而且就考试而言，国内外各种英语考试，如大学英语等级考试、英语专业等级考试、托福、雅思等考试中，阅读的分值所占比例最大。因此，如何有效提升大学英语阅读教学效果，培养学生较强的阅读理解能力，这是值得深入研究和必须解决的问题。

## 一、大学英语阅读教学模式的理论基础

对大学英语阅读教学模式，国内外学者从不同的分类角度进行了研究。比较突出的阅读理论有图式理论，就对外语教学模式的研究来说，这一阅读理论具有深刻影响并且被公认为效果较好的指导理论之一。除此之外，还有其他的理论，包括心理语言学阅读理论、交互型阅读理论、合作学习理论以及体裁分析理论。在模式研究上，有整体语言模式、ISRI 教学模式等。

在阅读教学中，一般可以对两种图式知识进行分类。一类是内容图式和形式图式。内容图式的对象主要是文章的主题，是与文章的内容和范畴有关的，也影响着对文章的理解。形式图式的主要对象是篇章结构知识，对各种不同体裁文章的篇章结构知识的掌握，对于提升文章的理解程度是有帮助的。另外，在阅读教学中，还广泛涉及兴趣型教学理论，兴趣型教学强调教学活动的灵活变化，着重培养学生的阅读兴趣，并促进学生掌握内容图式和形式图式，来构建文章应有的框架和意义，最终实现快速且高效率的阅读效果和阅读水平。

## 二、大学英语阅读教学模式分析

### （一）任务型教学模式

任务型阅读教学模式下，集中于教师身上的且主要进行知识传递功能的观点已经改变。事实上，要求学生注重了解外在信息，并通过积极调动发散思维，结合已获取的背景知识，不断构建和改善自身的知识结构。在这一过程下，学生要学会选择外部信息并能选择材料进行加工。学生不再是被动的接受对象。课文材料只是阅读教学任务的一部分，阅读教学更重要的内容是借助这一活动提升学生的学习方法和加强对阅读技能的训练。

在任务型教学模式下，课程教学呈现出多元化与多样性的趋势。首先，在教学任务的设计和编排上，考虑的细节越来越严密，在实际中越来越重视语言的形式与意义相结合。其次，在任务的设计和落实上、在实施方案的确立上，都要求英语教师具有较高的素质，才能有效保障任务型教学目标的达成。另外，英语教师在教学理念上要注重更新，在教学艺术上要注重提高。同时，要尽可能利用现代教学媒体，促进信息化教学的开展。

任务型英语阅读教学有何特点呢？大学英语里任务型阅读强调的是教师指导下的学生的自主学习。也就是既强调教师的指导作用，又强调学习者作为认识主体的作用。在这种模式下，教师不是知识的简单灌输者，而只是阅读意义建构的帮助者和促进者。英语教师在教学过程中，要发挥促进和帮持作用，督促学生搞好阅读学习。在网络资源的利用上，也要注重引导，学生在网络上不只是毫无目标指向地浏览。教师在确立阅读主题方面，可以结合教材进度和教学需要，例如，可以让学生针对课文所涉及内容，在网上查阅更多与课文相关的资料，包括人物的简介、与时代背景有关的知识。在课上，可让学生复述摘要内容。在作业完成方面，要注重学生独立学习的能力和加强对文献参考知识综合运用的能力，进而提高学生对文章阅读理解的水平。如《New horizon college English》unit 1 中 Part A 的 Learning a foreign language 文章阅读完之后，可设计 Question Answering 环节，例如：

① How did English learning change for the writer after entering senior middle school ?

② While taking online courses, what other things did the writer do to help himself learn English？

③ Why was the writer's experience in learning a foreign language so meaningful？

还可设计 Questions for discussion or oral report 环节，如：

① Discuss the strengths and weakness of learning English online.

② Share your experience of learning English with your classmates.

③ What do you think is the most effective way to learn English，and why？

大学英语阅读在教学内容上要求更加贴近生活和学习实际，反映社会发展需要，能调动学生的积极性。在具体教学中，应强化"任务型"教学主线，同时注重学生的自主学习，最终在完成教师布置的学习任务基础上，促进学生从机械学习转化为意义与功能阅读，促进学生对语言资源与意义的构建。任务型模式体现了学生对于认知过程、交际能力、信息分析等理念的理解，从而促进学生在语言交流与综合运用上的能力。另外，在教学过程中，适时采用网络环境下的教学，强化任务。在网络环境下，学生的学习时间更加灵活，所受的空间上的限制也较少。学生可以灵活安排自己的学习方式，更能有效提升学习效率。同时，相比传统教学模式，任务型教学有助于学生自行掌控学习进度，从而发挥任务学习和自主学习的作用。同时也能给学生提供学习机会、交流平台以及自我发展的空间，这对进一步发展英语听说读写综合语言训练模式有较大的推动作用。

同时在任务型教学模式下，学生能充分利用网络环境创造学习条件来探究兴趣热点问题，对于学生的全面发展以及创新思维能力的培养具有较强的作用。充分体现了以学生为主体，以教师为主导的理念，彰显了素质教育的特色。任务型教学模式体现出较强的适应性和发展空间，成为大学英语阅读教学采用的最基本模式之一。

## （二）兴趣型教学模式

纵观阅读教学现状，阅读教学效果并不很理想。其原因与学生阅读兴趣的培养有一定关系。教师在进行阅读教学与训练过程中，经常忽视对学生阅读兴趣的引导，通常采用的是"满堂灌"的传统教学模式，这种模式是以教师为中心的。因此，学生的主观能动性和学习积极性都没有得到较好的激发，教学效果不太理想。另外，在阅读材料的选择上，也没有重视潜在的阅读兴趣对读者的影响。现行的阅读教材在难度和选材上也存在问题，主要表现在选择材料面不广、针对性不强、与生活脱节等，这些都影响了学生的阅读能力和教师的教学效果。

在阅读教学的开始阶段，教师应加强对兴趣教学的重视，积极重视教学设计活动，促进学生阅读兴趣的不断提高。学生能养成坚持循环阅读的习惯，不仅能较好地进行阅读活动，而且能增加学生的阅读乐趣，学生也能主动地掌握阅读内容。促进阅读过程成为一个主动吸收的操作过程。另外，兴趣越高，阅读的主动性就越强，因而掌握阅读技能的速度也就越快。激发阅读学习兴趣也是现代阅读教学中应用图式理论的具体表现。

另外，应该注重超文本阅读模式下的个性化主题阅读。因为学生理解能力各有不同，学习技能也有一定差别。因此在教师设定阅读任务和主题以及学习的目标后，学生应自主地进行个性化阅读活动。根据超文本化的阅读教学特征，阅读学习者在阅读材料上，可以自主选择适合自己语言水平的阅读内容；另外，结合已有的知识，通过多维的、复杂的联想进行程度上的连接。学习者之所以实现了从接收信息转化到获取知识，是因为将新的材料结合，并加入了原有的认知结构方式中。在超文本模式下，建立了一种阅读中活跃的、新奇的联想氛围，阅读的线性关系和单一的文本也开始分解变化，分离为独立的一系列的节点。而这些节点又互相联系，体现了信息的连贯性和知识的融合性。

### （三）合作型教学模式

20 世纪 70 年代合作学习兴起于美国，这是一种新的教学理论与策略。许多国家将合作型教学模式广泛应用于日常教学中。这一模式在具体操作过程中，就是强化分组合作的作用，合作学习通常是以小组为基本形式。小组成员之间在共同的学习目标下，相互促进和帮助，在促进自我学习的同时，也带动其他人的学习。兴趣型教学模式在语言交际教学中比较常用。

在合作型教学模式下，可以借助媒体这一工具，使互动性和协作性得到较大程度的体现。师生之间及生生之间要形成一种互动和协作，这对推进学习进程及构建阅读意义框架具有重要的作用。通过教师与学生之间的良性互动，学生能根据自身感受，找出在阅读学习过程中存在的问题。这样能促进学生不断改进学习方法，加强对新知识的融会贯通。在合作型教学模式中，也应该充分利用网络工具，搭建师生之间相互交流的桥梁。一般来说，由于课堂时间比较短，所讲内容有限，而且在课堂上能与教师实现互动的学生人数不多，因此传统阅读教学模式存在较大的局限性，必须通过合作型教学促进班级师生间的有效沟通与交流。

除英语阅读课堂教学之外，教师可以在网络上与学生建立互动与沟通的平台，同时也为学生之间的相互交流提供良好的契机。在网络上实现良好互动，可以促进学生及时共享有关教学内容包括电子教学资源。在合作型教学模式下，还应该培养学生阅读的主动性和积极性，阅读活动是一种积极的语言思维活动，学生必须在主动性上下功夫，积极创设语言环境，锻炼英语思维和阅读活动能力。当然，教师也要在英语课堂上尽可能补充一些教学内容，包括当前社会教育及其他方面的热点问题，也可以适当探讨一些学生感兴趣的话题，通过话题的多样化来提升兴趣教学效果，同时增强合作型教学的效果。

## 三、通过大学英语阅读教学模式提升学生英语应用能力

英语阅读本身是一个连续的认知过程，它同时也是一个复杂的过程。而且，各种教学模式也不是单一存在的，必须相互配合，交叉使用。大学英语强调具体行为能力，它在要求上注重把语言学习和语言运用相结合，实际上是一门具有较强实践性的课程，强调把语言能力内化为具体行为。在传统语言教学中，往往注重对知识点的讲授和记忆，一定程度上忽视了对学生英语应用能力的培养。我国传统的英语等级考试及其他各项考试，过于强调考试分数，学生不得不被动地应付，甚至通过"题海战术"来学习英语，英语应用能力没有得到根本性提高。

为改变存在的这些现状，实施素质教育，就必须加强对英语教学模式的探索。而在英语阅读这个重要环节上，师生必须深入了解英语阅读教学的有关理论，为探索适合大学英语教学的有效模式打好基础。在英语教学中，要注重改进教学方法，创设情境加强学生的参与性，最重要的是要把语言能力转为英语应用能力，增强学生的英语交流的能力。当前，教学不仅是知识传授的问题，更是一种教授技巧的问题，而且现在已经上升到了加强学生素质教育的高度，这具有重要的时代意义。在教学实践中，在加强阅读能力的基础上，不断提升学生在听、说、写等其他方面能力的协调发展，把语言教学活动同学生的全面发展结合起来。使语言教学在帮助学生掌握英语知识的同时，还能提高其英语交流的能力。

# 第三节 大学英语阅读教学中研究性教学模式

## 一、研究性教学的实施背景和基础

### (一) 研究性教学的实施背景

在大学英语课堂中，教师一般会要求学生有一定的阅读量，老师会划定这个学期要阅读的书目等。大量和广泛的阅读，可以帮助学生了解英语国家的风俗人情，扩大知识面，同时也可以培养语感和英语语言表达习惯。但是非英语专业的学生没有特别的英语阅读课程，这就要求教师在综合英语课堂中抽出一定的时间进行一些基本的快速阅读的策略和技能训练。但是这样并不会起到很好的效果。这样训练学生的阅读能力的弊端有以下几个方面：

第一，在课堂有限的时间内，学生的阅读时间不能得到保障；第二，如果学生放松课外阅读的话就不能得到很好的阅读能力的培养；第三，学生没有明确的阅读目的；第四，学生的阅读情况教师并不能很好地掌控。在这样的背景下，研究性教学模式被引入大学英语阅读的教学实践中来。

很多大学英语阅读教学中引入研究性教学模式，通过这种模式可以有效地解决上述问题，提高学生的阅读能力。研究性教学模式是指学生在教师指导下，从学习生活和社会生活中选择并确定研究专题，用类似做科学研究的方式，主动地获取知识、应用知识和解决问题的学习活动。这种教学模式的核心是提高学生的自主学习能力和创新能力，真正做到学以致用。

在这种教学过程当中，教师需要创设一种类似科学研究的情境，让学生在教师的指导下，选择和确定研究专题，用类似科学研究的方式，主动地去探索、发现和体验，从而培养创新精神和实践能力。把这种方式用到英语阅读教学中，可以使课堂内的阅读教学和学生课外的拓展性阅读结合起来，从而扩大大学生的阅读量，提高学生的阅读能力。另外还可以培养学生的信息处理能力和实践能力以及创新能力等。

### (二) 研究性教学的实施基础和依据

这种教学模式得到了很多理论的有力支持，而且这种教学模式也被很多教师所采用。从理论上，我们可以列举一些研究性教学的理论基础，从而可以有力地支持这种教学模式的应用。

首先是从建构主义教学理论的角度来说明研究性教学模式的理论基础。建构主义可以分为激进建构主义、社会性建构主义、社会文化认知观、信息加工的认知观、社会建构论和控制论系统观。有学者论述指出"儿童认知发展的研究材料中描述了两种学习类型，即同化和顺应。同化是指在学习过程中，新的信息被融入学习者的现有知识系统；顺应是指当学习者接受新的知识的时候，需要调整原有的知识结构以纳入新的知识。"这些观点的提出，为建构主义教育理论奠定了基础。而建构主义教育论主张"学习者应该通过合作学习，相互交流、互相补充，使理解更为丰富全面。"由此可见，学习不是由教师向学生传递知识，而是由学生自己构建知识的过程，学习者不是被动的信息吸收者。

其次是从人本主义教学理论的角度来说明研究性教学模式的可行性。学者罗杰斯指出：学习是学生自我评价的，学生必须亲自参与到各项学习活动中去，并且需要全身心地投入各项教育活动，只有这样，才能激发学生的学习兴趣和热情，可以使学生持续地学习。

## 二、研究性教学的实施策略

很多学者对研究性教学模式给出了自己的意见。总体来讲，学习需要通过激发创造性思维，在实践中不断地锻炼才能发挥出来。在英语阅读的教学中就更需要这种教学方式。除了这些理论的支撑外，在实际运用这种教学方式的时候，还需要一些其他的基础来支持。

第一需要教师的支持和配合。教师是教学环节的主体之一。教师要运用研究性教学方法来讲授大学英语阅读课程，首先要做好各方面的准备，教师在这个过程中承担的是研究性学习的一个引导和指导者。教师不可以轻易替学生做一些事情，另外，教师要注意不能将学习的重点放在生词难词解释、学生朗读等方面上。教师要运用各种策略使学生进入学习状态，并积极主动地参与到研究中。在教师成功实施研究性教学策略的情况下，学生既是研究性学习活动的主动者，又是教师研究性教学策略的受动者，目的是要让学生去积极主动地学习和运用所学的东西。教师可以根据一些话题，设计问题、讨论话题以及实验，引导学生去亲自尝试和探索，并在心理和方法上提供一定的支持和帮助，使学生不断地调整原有经验，吸纳外来的知识，构建新的经验，从而促进自身的提高和发展。研究性教学对教师的素质提出了极高的要求，要求教师要有较高的素质水平。另外，教师也应该了解一些基本的科学研究方法，以便更好地指导学生进行研究性的学习。有学者指出，教师在这个过程要有责任感，对学生负责；教师要真诚和公平，正确对待学生的各种研究及成果；教师还应具有同情心，对于一些在研究上有困难的学生，教师应该及时给予大力帮助；另外教师也可以成为学生研究小组的成员，参与到学生的活动中去。

第二是阅读材料的准备。在大学英语阅读研究性教学中，教师选用的教材可以是研究课题的材料，还可以是学生研究小组基于自己选择的研究专题而选择的阅读材料。无论是教师还是学生，在选择阅读教材时应注意，语言难度适中，要有一定的实用性，话题性，最好也有一定的趣味性。教师在选择材料时应该紧扣主题，为学生的研究提供一定的方向。学生在选择阅读材料时，可以选取如：《经济学人》《华尔街日报》《纽约客》等杂志刊物的官方网站上的文章，还可以使用学校的文献数据库查询与研究专题相关的论文、期刊和文章。在大量的网络资源中，学生要做好筛选工作，要找到和研究主题相关的文章资料，将信息组合、处理，最终形成自己所需要的东西。在这个过程中教师和学生、学生和学生之间的沟通变得更为迅速和有效，这就达到了训练学生合作和创新的能力的目的。

第三是教学中的另一个主体，实践小组的成员——学生。教师将学生分成小组，在课中通过协作学习的形式进行专题研究活动。这样可以使学生积极主动地去学习，加强了团队的合作能力，运用语言知识的能力以及主动建构知识的能力。教师在大学英语阅读研究性教学活动中应该注意以下几个方面的问题：首先，研究活动要有一定的主体，这个主体可以是教师指出的，也可以是学生自己设置的。教师可以确定大范围，学生具体决定专题的研究方法，给教师和学生都留下选择的空间。其次，教师应该强调活动的要素分析和基本流程的分析，以免学生出现无从下手的情况。教师应该指导学生理清思路，确定活动流程，使研究活动顺利进行。最后，教师应该向学生提出专题活动的评价标准，以保证学生不偏离轨道。

## 三、大学英语阅读的研究性教学情况

本节通过教学的实际经验，对大学英语阅读的研究性教学情况做出如下几个方面的总结。通过这些教学情况的分析，可以看出一般的研究性教学对于大学英语阅读的教学的应用。

第一，在教学环境方面，和传统的静态的教学环境相比，研究性教学模式需要一个较为动态的教学环境。在大学英语教学课堂中，运用研究性教学方式，教学环境不只局限于固定的地方，需要把阅读资源、教学模式、教学策略、阅读氛围都整合起来，共同来为学生的学习提供一个环境。

第二，在教学过程方面，基于研究性教学模式的大学英语阅读教学，这个教学过程是需要师生互动共同探索新知识的过程。教学过程不再是传统的教师实施教学计划，按照教学大纲来教学。而应该是师生通过问题探究、协商学习、意义建构等活动来提高自身能力的过程。学生是这个过程的主体，学生在这个过程中，自我发现，自我学习，自我构建，在这些基础上，他们获得知识，并转化为自己的能力。

第三，在教学方式方面，在研究性教学模式中，教学方式由传统的"教"为中心逐渐向以"学"为中心转变。学生成为主体，教师担任的是一个支持者的角色，教学方式并不是原来单纯的词句讲解、归纳与演绎的讲解，而是"主动探索""协作学习""会话商讨"。根据一些学者的建议，这个过程可以分为以下五个步骤：第一步：创设情境，诱导深入；第二步：放手自学，独立思考；第三步：组织讨论，交流成果；第四步：质疑问难，评点整合；第五步：拓展提高，课外延伸。

第四，在教学角色方面，在传统的教学模式中，教师处于一个权威者的角色，而在研究性教学模式中，教师是一个"英语学习的组织者、协调者、设计者、开发者、社会语言文化的诠释者、教育的研究者和学生的合作伙伴。"学生也不再是一个盛知识的容器，而是主动建构知识的主宰、教学活动的积极参与者。在这种平等和谐的学习氛围中学生丰富了情感体验，提高了解决问题的能力。

在大学英语阅读教学中，由传统的教学模式向研究性教学模式过渡，已经成为了主流，更多的教师希望采取这种教学模式，通过不断的实践，以及师生不断共同探索和投入，切实地将研究性教学运用到实际的阅读教学中，并真正发挥它的作用。

# 第四节　大学英语阅读教学模式研究述评

## 一、在大学英语教学中运用阅读教学法的主要理论依据

### （一）图式理论

图式理论（schema theory）概念最早来自 19 世纪德国哲学家康德。该理论从认知心理学、语用学、信息处理和人工智能等方面为阅读提供了一个崭新的视角，对阅读过程和模式具有积极的指导意义，它所倡导的阅读观已越来越受到广大教师的重视。

图式阅读理论认为，图式是认知的基础，是储存于大脑记忆中用于表达一般概念的知识构架。人们在接受新信息前，头脑中已经储存了无数的知识（即图式），它包括个人以往的经验、事实或已学过的知识等，它们经过加工，分门别类地储存在大脑之中，组合成图式网络，给读者提供一种参考系，使读者对所阅读的材料能够正确理解。在阅读时，读者会迅速地从记忆中调用此图式，不断地对材料中所提供的信息进行选验、预见、验证、肯定或修正。当图式中的某些组成部分与文章信息发生相互作用时，读者才能理解文章内容，否则就会产生误解，出现阅读障碍。

在阅读过程中，词语理解和篇章理解都离不开图式，图式对新信息的组织、加工都具有重要意义，它能培养和激发学生的创造性思维，强调以学生为中心的教学方法，因此，用图式理论指导阅读教学必将对阅读效率产生积极作用。

### （二）输入假说理论

克拉申的输入假说认为，语言习得有赖于大量的语言输入，必须为学习者提供所需的足够数量的输入。学习者首先接触大量易懂的实际语言，通过上下文和情景理解其意思。这样，寓于交际语言中的句子结构和语法规则就自然学会了。大量的英文阅读可以满足学生的语言输入量，弥补课本知识的局限性。语言输入的质量与数量同样重要，质量即难度，难度过高或过低，都会导致学

生无法理解和吸收语言知识。因此，针对不同程度的学生，应具体情况具体分析，选用不同难度和形式的阅读材料，以增强输入的知识的吸收效果。此外，教学实践表明，语言输出与输入同样重要，教师还应注重学生的语言输出，只有能够准确、流利地表达自己的思想，才算是真正学会了外语。

## 二、教学实践

参加阅读教学项目的教师分别从各自的班级中选取一个班，实行阅读教学法实践，其他班级仍实行传统教学法。实践的班级除了教授大学英语大纲内容外，还抽取一定时间进行阅读教学。例如学校大学英语课程采用分级教学，参与教学实践的班级均为 xxxx 级 B 班。

教学步骤如下：大纲内容只选取部分，主要为上海外语教育出版社出版的《新世纪大学英语》（综合教程）TextA 部分，着重讲解单词、句子、课文结构及课后练习，TextB 作为课外自学内容。阅读教学内容为每周布置课后阅读篇章、课内提问、测验、讨论等以检查学生完成情况。教材内容由教师指定，主要是英语名著原文。教师的所有 xxxx 级 B 班的学生在期末考试时使用同样的试卷，每学期每位教师对比自己使用不同教学法的几个班级的学生成绩，参考第二学期末调查问卷的结果，研究学生各项英语能力的变化，以此构建大学英语阅读教学的方法及模式。

## 三、教学效果调查及分析

阅读教学实践进行两个学期，第二学期接近尾声时，组织一次问卷调查，主要调查学生在经过两个学期的英语阅读学习后，阅读习惯有无变化及阅读教学对其英语综合能力的影响。

根据上海某校实验调查结果显示，约 63% 的学生逐渐养成了阅读英文作品的习惯，一年来阅读的英文名著数量从零增至 3—5 本（包括英文简写本）。在阅读英文原著前，大家会首先阅读英文简写本或中文版本，从而降低理解英文原著的困难程度。学生普遍认为，英语阅读教学法与传统教学法相比，要求大家花费更多的课余时间，阅读英文作品、讨论、做练习、写读书报告，虽然压力更大，但收获颇丰。约 51% 的学生认为经过大量的原文阅读训练，自己的英文写作、英汉互译及阅读理解等能力都有了提高。约 70% 的学生表示即使以后没有英语课程，还是会坚持阅读英文作品，如小说、报纸杂志，等等，以保持一定的英语阅读水平。在阅读主题方面，文科学生偏爱人物传记类和浪漫爱情故事类，理科学生则大多选择科学幻想类和历史类读物。值得注意的是，约 75% 的学生认为，大学英语教学不仅可以与阅读教学相结合，还可以拓展到各类专业课程，强化英语的实用性，使英语语言成为一种有用的工具，而不仅仅是一门必修的课程。这个观点与目前高校正在进行的大学英语教学改革的目的是一致的。

## 四、阅读教学模式设计

经过教学实践和问卷调查，综合两个学期以来学生和教师的反馈意见，我们认为，阅读教学可以与大学英语教学相结合，并就大学英语阅读教学模式提出如下设计意见：

### （一）适用范围

英语阅读教学适用于非英语专业的各类英语班级。目前虽仅在 B 班试行，效果良好，可以推广到 A 班和 C 班，但应根据学生的不同英语程度，采取不同的方法，选取不同的阅读教材。英语学习的目的是能将语言熟练运用于日常交际中。大量阅读英文读物，有助于培养语感、增加词汇量、同时加深对英美文化背景的了解，弱化文化差异给沟通带来的障碍。良好的英文阅读习惯，来自于日积月累的阅读训练。英语阅读教学，应贯穿学生的整个大学生涯，甚至可以延续到第五、六学期。

### （二）教学方法

阅读教学与英语读写译课程同步进行，教师在课堂教学中，除了讲授大学英语综合教程的重点内容外，还定期让学生利用课余时间阅读英文读物，主要是英文名著。要求学生 4—6 周读完 1 本。每 2 周就当前所读的作品内容进行一次课堂练习，考查学生对作品内容的了解程度，同时督促学生按计划完成阅读量。每读完一本，教师就利用一课时组织一次课堂讨论，简要分析作品里主要人物的性格特点、作品的内涵以及作者的写作风格等。大量的原文阅读是语言输入的方式，可以帮助学生构建英语知识图式，有助于学生在大脑中存储英语词汇、语法、句型等方面的知识，而课堂练习与讨论则是语言输出的表现，可以帮助学生反复演练英语语言知识，强化记忆，学会用英语流畅表达自己的思想。

### (三) 教材选择

除了各级别学生必修的精读教程外，教师应根据学生的不同英语程度选用不同的阅读教材。鉴于不同的英语语言基础，A、B 班可阅读英文小说，C 班学生则建议先阅读英文报刊或短篇故事，逐步过渡到简写本英文小说，必读书目是 Pride and Prejudice， David Copperfield， The Adventures of Tom Sawyer，The Old Man and the Sea， Jane Eyre。

### (四) 考核方式

各级别学生都应参加常规英语考试，A、B 班学生可以在学期末增加一篇课程论文，要求学生选取自己最喜欢的一部作品或一位作家，分析人物特点或评论写作风格。

# 第八章　新时代背景下大学英语写作教学

## 第一节　大学英语写作教学面临的问题

不管是英语还是中文学习，写作一直都是学生在学习阶段面临的一个重要难题，而且几乎是让师生"闻之丧胆"的。有研究显示，目前我国大学英语写作教学过程中所遇到的问题可以概括为以下五个方面：

### 一、写作课程设置不科学

大学在进行英语教学时所设置的总课时是提前就规定好的，课程也是按照课时安排的，所以在此基础上若想每周都安排写作训练，实际操作起来存在一定的难度。可以做到的就是在尽可能短的时间内适当安排写作课程，或者是建议在教学大纲中明确将写作训练所需要的课时做出适当调整，这样就会引起师生对写作训练的重视，对于学生写作技能的提高大有好处。

### 二、教学方法与学习要求不适应

随着大学英语教学改革进程的推进，传统的教学方法已经跟不上学生需求的步伐，这使得一部分学生在实际的学习中无法运用所学，因此也写不出内容充实的文章。长此以往，对学生来说就会逐渐失去写作学习的兴趣，而写作能力的提升也将会是难上加难。

## 三、教材不科学

从目前市面上流通的教材来看，专门针对非英语专业学生所编写的参考用书相对还是缺乏的，所以教材的选择空间就窄了。尽管一些成熟的参考资料可以弥补这一缺陷，但是这依然不能满足学生日益增长的需求。

## 四、教师方面的问题

在英语写作教学过程中，从教师的角度来说所面临的问题主要有以下两个方面：第一，教师自身就没有把写作放在教学中的重要位置，主要倾向于应试考试，旨在提高学生的应试能力。第二，虽然全国范围内的各大高校正在紧锣密鼓地进行英语教学改革，但是传统的教学方法也并非一朝一夕就可以转变过来，其结果只能依然是以教师为主的课堂活动，虽然教师在课堂上滔滔不绝，但学生真正接收到的信息或者是感兴趣的却很少，这必然会影响学生的习作能力的有效提升。

## 五、学生方面的问题

除了教师的影响外，学生自身的问题也是限制英语写作水平提升的一个重要因素。具体表现如下：其一，部分学生依然依靠教师的讲解去解决问题而不是自己主动去将问题化解，他们受传统教学模式的影响是根深蒂固的，从而影响了自主学习能力的提高。第二，受母语负面影响比较严重，有时也将其称为"负迁移"。第三，中西方文化间的差异还是比较明显的，这也成了制约学生写作能力提升的重要因素。

# 第二节 写作的心理活动

通常来说，英语写作的提升是受到多方面因素的共同制约的，其中心理方面的因素就对英语写作能力的提升产生了重要影响。心理活动对英语写作能力提升的影响主要表现在以下四个方面：

## 一、从视觉到运动觉

首先，我们先从最基本的影响因素说起，即从视觉到运动觉的发展变化过程。我们可以说视觉运动是英语写作训练过程中最基础的影响方式了。简单来说就是学生形成最初的书写印象都是通过视觉来触发的，学生观察范文是通过眼睛来实现的，然后再经过神经系统向大脑进行传输，大脑在接收到信号之后就会在大脑中形成初步的文字形象。学生在大脑中形成的视觉形象越清晰，对后面的模仿写作越有利。基于上述因素的考虑，我们可以将写作过程看成一个观察—临摹—自主—熟练的不断向更高层次发展的过程。虽然写作最终呈现出来的是以手部的书写为结果的，但是我们不可否认的是，起初它是以视觉为开端的。

在这里我们也对写作过程中的写作提出了更高的要求，即正确、迅速、清楚和美观。这样一来，教师所承担的示范作用的意义就更明显了，教师应该从一开始就向学生展示优美的板书范例，因为学生的模仿能力是很强的，也喜欢模仿，所以教师榜样的力量是非常强大的。此外，教师还要在一定程度上促进学生各种感觉器官的共同调动，以从多个角度来促进写作能力的提升。

## 二、书写技巧动型化

这一概念看似陌生，简单来说其实就是要求学生在写作时要保持手部书写的连贯性，并且可以持续下去。如果从这个角度来进行思考的话，可以将这一过程看作一个高度模块化的程序。而在实际的运用过程中，如果学生的写作技巧不断得到提升，那么书写也要实现由词汇到短语和句子的质变。这在提高学生的书写速度的时候也是对他们书写能力的综合测试。

作为教师，如果想要让学生尽快掌握这一方法的基本书写能力，就要求教师不管是课堂上还是课下都要起到监管和督促的作用，用多样的方式来引导学生进行不同的训练，实现"眼、手、脑"的并用，从而使得写作能力得以有效提升。

## 三、联想型的构思能力

这一写作能力可以说是写作心理中处于最中心位置的一种了，之所以说其是核心，主要是因为其中涉及了多方面的各种关系，主要有种属、时间、空间、因果以及层次方面。从语言学的角度来说，语言是作为思维能力的一个工具来使用的，由此来说英语的语言学习过程就可以看成思维工具的交际使用过程。而将英语看成交际工具的话，最重要的一个环节就需要养成对英语的联想习惯，也就是当看到某一个具体的单词时，要对其展开剖析和丰富的想象，想象内容可以是同义词、反义词、同音词等。

我们可以总结出的是，如果一个学生在英语写作过程中的联想型构思能力可以得到很好发挥的话，那么实际应用到写作过程中，对段落之间的关联性理解能力也就会慢慢提升。基于这方面原因的考虑，教师需要对学生展开与联想能力的提升相关的训练，以此使学生的写作能力和思维能力都得到相应提升，所学知识也能得到相应巩固。

## 四、演进式的表达技能

这一表达技能是联想型构思能力的具体体现，并且实现了思维、层次想象、系统回忆和连贯言语的相互融合，这样就极大地提升了学生的写作效率，而且使写作过程更加合理和具有科学性。写作过程中演进式的表达技能的使用促进的是学生综合能力水平的提升，对学生来说就具有了别样的意义。

# 第三节　大学英语写作教学的内容与目标

## 一、大学英语写作教学的内容

前面章节中我们已经对高校实施英语写作教学的现实意义进行了相关阐述，在此不再赘述。只不过这里需要讨论的是虽然教师在英语写作方面投入了大量的时间和精力，但是最终的效果却不令人满意。有人专门对大学英语四、六级考试中英语写作方面的得分情况进行了研究，发现成绩与平均分还有一段距离，这不得不让人产生担忧。面对这种情况，以下就具体问题具体分析。

### （一）语言知识方面的教学

写作对于语言来说其本质上是一种语言输出形式。从这个角度来说，英语写作教学首先要做的还是有关语言的基础知识教学,包括的内容基本上就是词、句、段、章等方面的相关知识。但是从我国目前的大学英语教学现状来看,教学中有关英语写作方面的课时比重是非常小的,甚至是英语专业的学生也没有写作方面的相关课程安排。目前,虽然网络教学有所发展,但是大部分地区仍然采用的是课堂教学模式,学生对语言知识的获得主要还是通过课堂这一途径来实现的。所以从这个角度来说,课堂教学质量会对写作教学产生影响。

### (二) 写作理论、技巧、方法、模式教学方法

总体来说,我们可以将写作总结为一种将所学知识理论进行书面输出的形式。通常,实践的实现都是以理论作为支持的,这样做的目的主要是保证实践的顺利开展。另外,不管是学生还是教师都应该认识到采用合理和正确的方式方法可以促进实践向着更加合理的方向发展。而一定的教学模式的采用也并不是对学生的思维产生了定式倾向,而是对其起到一定的引导作用,从而保证在最有效的时间内实现实践的最准确效果。

### (三) 对影响写作教学的因素的研究

英语写作是一个包含范围很广的概念,这也就决定了它也会受到多方面因素的干扰,使得最终的写作成品与学生的想象有所差距。这些因素可以是来自各个领域不同层面的,包括学生的年龄、性别、知识储备、阅读习惯和思维方式等;教师层面的因素包括教师的个人魅力和教学风格等;还有来自其他方面的,如所要求的写作的方向、文章的体裁等。这就要求教师在进行英语写作的教学过程中一方面要针对这些影响因素和学生展开讨论,另一方面还要从学生的角度出发,认识到每个学生的基础能力是有差别的,要适当采取差别性教学方式。但我国的实际英语教学现状决定了这种情况也只是起到一个暂时的辅助性作用,因为学生在进行英语写作学习的时候是没有多少自主性的。

## 二、大学英语写作教学的目标

《大学英语课程教学要求》中同样对大学英语写作教学提出了一般要求、较高要求和更高要求,具体内容如下:

### (一) 一般要求

1.学生可以书写日常应用文。

2.学生已经基本上掌握了写作需要具备的基础技能。

3.学生可以在半小时内单独完成一篇立意明确、结构合理的120词左右的短文。

4.学生可以在现有能力的基础上描述一些日常事件的发生。

### （二）较高要求

1.学生可以利用所掌握的词语或句式书写一篇与专业有关的英语小论文。

2.学生可以使用英文解释相关的图表内容。

3.学生可以用英语书写一篇本专业的简介。

4.学生可以针对一些常见的主题内容阐述自己的所思所想。

5.学生可以在半小时内完成一篇内容完整、结构合理且表述清楚的160词左右的文章。

### （三）更高要求

1.学生可以利用英语对所学专业进行一个短篇文字书写。

2.学生可以熟练运用文章进行内心情感的抒发。

3.学生可以在半小时内完成一篇中心明确且用词合理的不少于200词的文章。

# 第四节　大学英语写作教学新方法

## 一、延续性教学法

这一相关的写作教学法将写作教学分为三个阶段，并且每个阶段在整个写作过程中所起到的作用都是不同的。但是只要将这些看似关联性不大的程序进行一定的相互连接之后就会发生神奇的结果，那就是一个具有完整的写作要素的文章形成了，并且文章质量还是非常不错的。只不过需要注意的是，教师采用这一方法进行实际写作指导时要认识到，并不是所有的内容都可以采用这一方法得以完美实现。这主要还是因为学生的学习时间是有限的，而学习任务相对较重，不一定有时间和精力投入到有关细节中。此外，学生大多数都是不太注重思考的，因此他们只是将写作看成一个写作任务而非进行再度创作的过程，所以他们认为只要写完即可，没有必要将过多的精力投入进去。

## 二、平行写作教学法

平行写作教学法可以理解为教师提前针对所要写作的方向给出一篇立意明确的示范性文章以供参考，而这时学生还没有着手进行写作。学生可以根据这篇范文得到一定的启发，从而来确定自己所写文章的方向和内容，然后再根据自己的理解下笔写作。这样不仅会提高学生的写作速度，而且还会防止跑题现象的出现。

## 三、网络辅助写作教学法

人类迈入 21 世纪后，信息技术得到大力发展，尤其是计算机网络的快速发展和多媒体软件在教学中的广泛应用，这些都为写作带来了福音。因为网络具有以前任何教学方式所不具有的更大的自由性和不受时间和空间限制的特点。学生在网络的辅助下，甚至可以直接和一些以英语为母语的西方国家的人直接接触，这样一来，他们所接收到的就是比较纯正和地道的英语了。甚至可以最大限度地了解西方国家的文化背景和风土人情，以此来区分中西方间的差异，然后激发学生的学习兴趣，并促使自主学习能力的产生。

网络辅助英语写作教学就是学生自主学习能力的体现，它在很大程度上就是从学生的角度出发，然后在教师的指导和监督下展开学习的过程。教师在使用网络辅助写作教学法的过程中可以先给学生布置一个主题的学习任务，然后学生通过网络来进行网上资料的搜集、组织、总结等一系列的过程之后，再将这些资料为自己所用，成为写作过程中的素材。这一过程更多体现的是学生的自主性学习能力，而教师的作用就相对减弱了，只是起到一个辅助的作用。

# 第九章　新时代背景下大学英语写作教学改革研究

## 第一节　体验式混合教学模式探索

英语写作教学作为大学英语教学的重要组成部分，一直以来都是被研究和关注的焦点，也是学习者二语习得的难点。学生在英语写作部分的考核上，得分普遍较低，特别是独立学院的非英语专业学生，由于语言基础不强，未能在长久的英语写作练习中得到满意的学习体验，部分学生甚至放弃了写作。纵观近几年四级考试，很多高校学生写作部分平均得分率尚未达 60%。与此同时，在大学英语教学中，写作并没有被单独地提列为一门基础必修课程，而是更多地依存于综合英语课堂，与阅读长期共生互惠。而狭义的课堂教学构建出一种教师主导学生接受，先完成课后作业，而后反馈批改的链式模式，英文写作教学更是被传统的教学法排挤至课后一篇习作与课下教师批改的单向互联模式。然而教师繁重的批改任务并不能实现多次高质量的反馈，学生也不尽能从这样的教学模式中获得更多亲身体验和强化认知过程，偶尔会徒生挫败感。但随着现代网络应用于大学英语教学的普及，网络与 2.0 模式、微课与翻转课堂的流行皆说明借助网络的学习体验越来越多，慕课也逐渐成为代替广播电视的大众免费学习平台，另外一部分自媒体的发展，如利用微信等创建公众号等，都成为学习者学习的新的媒介和平台。这在现实意义上更加说明，课堂本体没有固有的表象，所以改变并加以应用常规的教学课堂恰恰是基于课堂本质而言，有学无教的课堂可以存在，注重学生体验的多媒体网络学习模式更应与传统的课堂教学相结合，构建探索大学英语写作教学新模式，以此更加注重学习体验，让学生亲身体验学习的每一个过程。

## 一、大学英语体验式写作混合教学模式的理论基础

大学英语体验式写作教学是基于体验式学习的基本内涵提出的。首先，早在 1984 年 Kolb.D 就提出体验式学习理论 Experiential Learning Theory（ELT）植根于 20 世纪几位杰出教育家所完成的人类学习和发展成果，这包括 John Dewey 的"做中学（learning by doing）"的经验主义进步教育哲学，Kurt Lewin 的社会心理学思想、Jean Piaget 的认知心理学以及 William James 的实用主义心理学理论、Carl Rogers 的人文主义心理学思想等等。但是这些 20 世纪思想的精华作为体验学习理论的基础，都具有一个共同的概念：经验或是体验。

行为主义学习理论认为在学习过程中，学习是反映和刺激的连接，所有行为都是习得的，不强调任何的个人意识和主观经验；认知学习理论强调认知大过于效果；与之对比，经验在体验式学习理论（ELT）中具有中心作用，这也与杜威的"做中学"和建构主义思想所倡导的"情境性教学"一脉相承。从学习者学习的角度看，Rogers 把学习分成两种类型：认知学习和体验学习，认知学习受外部强制力的制约。体验学习以学生的"经验生长"为中心，以学生的潜能为动力，把学习与学生的兴趣和愿望结合起来。Kolb 的体验式学习理论希望建设一个具有整体性、适应性的学习过程，可以将经验、假设、认知和行为统一。在此基础上，Kolb 完善了体验式学习（ELT）的理论，提出体验学习的模式，也称之为学习圈理论。

他认为学习者的学习是由四个适应性的阶段构成的循环结构，包括具体经验（Concrete Experience）、反思观察（Reflective Observation）、抽象思维（Abstract Conceptualization）和积极实验（Active Experimentation），Kolb 的体验式学习模式引领学习者通过获取"直接"或者"间接"经验，掌握（Grasp）具体经验的学习者将这些"知识碎片"进行整理、归纳，通过反思性的活动加工信息，随后利用抽象思维提炼理论知识，了解抽象概念。Kolb 认为大部分知识的获取源于对经验的升华和理论化。所以，这一阶段的工作成果是最为重要的，学习者学会分析，获取抽象思维的方法，最后刺激学习者将所习得的知识应用于实践，那么学习者的观察反思也就转化（Transform）为实在的行为，同时，在实践中学习时如遇到新的疑惑，就会展开新一轮的体验性学习。

## 二、大学英语体验式写作混合教学模式设计

依据 Kolb 提出的体验性教学的学习模式——学习圈理论，注重经验的获得，并且强调语言知识的运用。笔者通过以本校非英语专业学生为研究对象，基于"体验英语写作教学资源平台"提出将大学英语传统写作课堂与体验式写作学习模式相结合构建大学英语体验式写作混合教学模式。

### （一）具体体验（concrete experience）—预写体验

利用数字化的网络写作平台，具体体验过程注重学生的参与性与实践性，教师主讲的授课模式逐步将主导权赋予学生，学生是学习的中心。在体验式写作课程之初，学生将熟悉所要写的主题语篇素材，利用网络观看视频材料，了解相关概念，进行过程写作之初的头脑风暴（brainstorm），从而进行预写活动（prewriting）。预写帮助学生积累经验，审视自我词、句和语篇等方面的优缺点，从而体味写作过程的酸甜苦辣。

### （二）反思观察（Reflective Observation）—互动讨论

在反思观察阶段，教师利用传统模式教学方式分享阅读材料，提出问题，激发学生对问题的思考，利用范文材料进行指导讲义，引导学生进行课堂讨论，将体验式的自主学习引导到课堂中来。在这一环节中，教师不再是居高临下的评判者，而是与学生作者一起参与到写作各项活动中，是学生讨论、同伴互评、即时反馈、习作修改等活动的组织者、指导者、支持者，从而启发学生对预写草稿的反思，激发与他人进行互动讨论的热情。在写作平台的辅助下，学生不仅能够读到同伴的习作、增强读者意识，还能获得同伴的即时反馈、促进写作过程向前推进。写作不再是一个人的"私密化"的过程，而是与同伴即时互动、群策群力、互通有无的"参与式"过程，从而激发他们的写作欲望。

### （三）抽象思维（Abstract Conceptualization）—评阅指导

更多的抽象思维活动来源于对预写文章的修改。网络平台下的体验式英语写作修改可分为三种，即学生自评，生生互评以及教师评阅。经历上一阶段交互式活动带来的反思观察，学生交换习作在小组内进行讨论修改，修改方式采用"三级评议模式"，评阅者可以分别从局部修改（local/surface correction）、文中批注（inter-text note）、文末评价与建议（post-text comments &suggestions）方面对学生习作给予中肯的意见和建设性的建议。第一步的抽象思维来源于生生互评，学生在批改其他伙伴的习作时逐步形成该类语篇主题思想、逻辑结构，衔接连贯用以构成简单的写作框架，为下一步的积极实验做出准备。这一阶段教师的主导作用在于指导学生了解不同语篇的不同社会交际功能，利用范文材料进行指导讲义，明确行文规范以及语言特点，指导学生不同文体的写作原则和写作技巧，积极的评语鼓励能够增强学生的写作信心，丰富学生愉悦的写作体验，注重学生的内心认知感受。

### （四）积极实验（Active Experimentation）—终稿形成

在小组内评阅后，学生对预写文章进行自我评析，独立修改，然后通过课后练习，进一步进行写作练习，巩固语篇衔接与连贯，保证切题和合理的推进模式，最后由教师提交评语。自评过程中，学习者有个人特色的常见错误容易被忽视，可参考过程写作评议对照表，选取多次异步进行自我评议。另外，写作平台的自动生成评语功能从一定程度上大大减轻了教师的工作量，从而提高反馈的充分性与及时性。终稿的形成过程将链式的过程写作循环往复，这就意味着，完成令人满意的终稿之前随时可以回到具体体验。

作为体验式学习的混合模式，体验英语写作教学资源平台可以给学生提供新鲜、及时、有趣的信息，学生结合自身体验缩短新知识和原有知识结构之间的距离。而交换式的在线学习和课后作业，使师生交流体验和生生交流体验都可以达到最大化，从而提高课堂教学的效率。当然，教师在做出评价的时候，需要注重人文层面，兼顾过程性收获和结果性收获。

## 三、大学英语体验式写作混合教学模式的效果初评以及理性思考

### （一）效果初评

为了检验该种模式在写作教学中的效果，参考张栩使用实验对比方法进行为期一个学期的写作教学实验数据。张栩以他本校非英语专业两个班级为实验抽取对象，其中环艺 1301 班共有 23 人为实验班，采用大学英语体验式写作混合教学模式，视觉 1301 共有 28 人为控制班，采用传统教学模式。在实验之前，选取对两个班级以四级考试作文题目 Education Pays 为题进行 30 分钟的作文测试，并计算两名教师按照大学英语四级作文评判标准所给分数的平均值，利

用 SPSS 20.0 对两个班级学生的写作水平进行前测，判断两个班级是否有显著性差异。两个班级在前测成绩上几近相等，独立样本 T 检验表明两组在成绩上未见显著差异，p 值等于 0.912，大于 0.5 的显著性水平。随后对环艺班通过体验英语写作教学资源平台采用大学英语体验式写作混合教学模式，视觉班采取传统课堂中成果法进行讲授，由教师授课，学生学习的单向链式教学模式，并无评价体验结合的过程。实验主要进行个人简历（resume）、求职信（a job application letter）、个人信件（personal letter）、因果分析式（cause and effect essay）、对比或对照式（comparison and contrast essay）几大类的写作学习。在学期结束时以 City life or Country Life 为题通过 30 分钟的写作测试，将两位教师给出的平均值作为后测成绩。T 检验表明，控制组成绩低于实验组平均成绩，P 值等于 0.001，小于 0.5 的显著性水平，说明两组写作成绩存在显著性差异。由此可见，采用大学英语体验式写作混合教学模式能更为有效地提高学生写作水平。

然而，良好的教学效果虽然基于体验写作教学资源平台与网络学习，但也不难发现通过对比视觉班级的前后测成绩，后测平均成绩较前测更高。T 检验进一步表明，P 值等于 0.002 小于 0.5 显著性水平，说明两组成绩有显著性差异，利用传统的课堂教学模式也能有效提高学生习作的水平，并不能忽视教师作为指导者的教授作用，传统的课堂教学并非能由人机对话的课堂所替代。这就更说明混合了传统教学模式与基于网络平台体验式英语写作模式的交互式模式更有利于学生习作水平的提高，对于大学英语体验式写作混合教学模式的研究，理应关注更多的传统教学中固有机制以及不变的因素，关注如何建立好大学英语体验式写作混合教学模式，更适应学生的学习特点。

### （二）理性思考

1. 关注师生角色的转变

在新模式下，教师在学习者学习的过程中，更多地作用于指导，创设情境，以及提供情感体验机会。有效的外语学习应该是学习者积极主动的，而且是全身心地投入学习。在体验式习作中，学生得到更多机会自主选用语言资料，参考查找并完成一篇习作，然后继而通过多重评议模式，一遍一遍审视自我改变和语言习惯的积累。教师的角色与教练、例外管理员和审计员相似，给予指导性建议，提出改正纠错并且总体评议。学习者应积极地参与到语言使用中去，提倡自主学习。三本学生对英语学习普遍存在学习焦虑情绪，对写作有畏难情绪难以建立良好的学习循环。大学英语体验式写作混合教学模式的积极意图在于改变学生对习作的排斥，给予大部分学生习作的信心，并且尊重学生的学习创造性，保护他们的自尊心，有助于提高学习者的内部动机。

2. 关注多重感官的学习目标

在大学英语体验式写作混合教学中，多重感官的学习目标适应不同类型的学习者和不同的学习内容，这样新型的学习模式较之前存在优势，以学习者中心。它将线上与线下学习模式整合，既有任何时间任何地点的线上模式，加之借助于写作平台和其他网络平台的自主学习，任何恰当的时候都能成为教学的"课堂"，与此同时，也没有牺牲传统教学中最重要的交互关系——教师与学生。在预写的具体体验阶段，学生通过选择不同的媒体熟悉题材，以了解自己的优势与缺点。一部分学习者从阅读参考材料和分析数据中获得知识结构，一部分从视频材料中更好地了解写作主题，当然部分学习者从反思观察小组讨论中获益最大，仍旧有一部分学生喜欢教师讲授的学习方式，从中得到的指导越多，学习成绩越高。

3. 关注体验的学习方式

体验式学习理论认为学习者通过体验外部世界和自身经验互动，从而获得知识，并通过对知识的验证获得新经验。网上链接的学习资源以及写作平台的使用更好地帮助学习者在四个阶段获得体验，即在第一阶段通过具体活动获得初步体验；第二阶段思考交流开展对体验对象的描述讨论；在第三阶段将所获得初步经验和储存经验整合加工，获得结论和抽象概念；最后将所得运用于新的一轮体验学习。表面上看，传统的基于课堂的成果链式写作教学模式没有体验可言，但实际上，教师和经验正是传统模式的优势，教师也是所有学习经历的核心。教师在教学中起到指导的作用又表现为富有责任心的主体，负责提供合作文本，这样学生才能参与到相关主题的学习并且拥有交互体验式学习经历。Brookfield 曾经提出影响体验学习因素的四个来源（1）学生对他们的学习最关键的事件的描述；（2）描述学生学习旅途中的高低起伏的学习日志；（3）研究人员编纂的有关学生学习体验的文献；（4）教师对自己做学生时的体验的回忆。据此，在混合模式下，教师有必要传授自身的经验，了解学生对自己体验的反馈。传统的写作课堂更有必要整合成为新的模式即教师传授个人经验与指导学生自主学习写作的教学模式。

对于大学英语写作教学来说，大学英语体验式写作混合教学模式革新传统的写作链式教学模式，帮助教师和学生创设立体化的学习空间，提升学习者的写作自信心，增添学习趣味，也对教学硬件提出更高的要求。另外这种模式着重"体验"的特性对学习者自觉程度要求很高，也对教师个人的工作量和知识水平有所要求，只有双方共同贯彻才能达到良好效果。

# 第二节　基于交际能力迁移的大学英语写作教学模式的构建

在英语的学习过程中，英语教学模式起到了至关重要的作用。正确的英语教学模式将极大地促进大学生英语成绩的提高。英语写作水平在很大程度上体现了英语学习者的综合运用能力。研究表明，在英语教学过程中，英语写作与英语口语能力和英语词汇量有着密不可分的联系。大学英语写作充分体现了对英语词汇的运用能力与词汇的丰富度。熟练的口语交际能力将大大提高大学生英语写作能力。这为大学英语写作模式的构建提供了新的思路。因此，在课堂教学中，教师可以充分利用英语写作与英语口语的正迁移关系，结合词汇积累，进而提高学生英语写作能力。

## 一、大学英语写作教学模式的发展与研究概况

英语写作是大学英语学习的重要组成部分。在英语教学中的地位已日益彰显。起初，大学英语写作教学相对于其他英语教学模式而言，更加困难，学生英语写作能力与成绩的提升收效甚微。在传统英语教学中，大部分大学英语教师更倾向于以教师传授为主，而非学生自主的学习能力。随着对英语写作教学模式的探索，课堂上的英语写作教学形式也变得丰富多彩。英语教师逐渐认识到英语中听、说、读、写之间的内在紧密联系，不断有英语学习研究者探寻这四者之间的英语迁移作用。

### （一）交际能力与迁移理论的概念分析

1. 交际能力

在定义交际能力之前，必须提及乔姆斯基的"能力"和"表现"。乔姆斯基将能力与表现引入现代语言学中，引起了学界的强烈反应。乔姆斯基所定义的能力其实指语言中的内在语法，即在理想的语言状态下说话人与听话人对语

言的运用，而表现指代在特定的语言社团中说话人与听话人对于语言的实际的操作与运用。

在乔姆斯基的"语言能力"的基础上，海姆斯提出了"交际能力"理论来完善乔姆斯基能力理论的缺陷。海姆斯认为一个具有交际能力的人，他不仅掌握了语言本身的知识体系，同时也掌握了在不同语言环境下，运用语言的规则，即语言能力和社会语言能力。

2. 交际能力在外语教学中的作用

首先，交际能力理论打破了传统的外语教学模式。交际能力理论的运用，明确了教师的引导地位。促进了学生的应用能力，同时也巩固了现有的知识体系。其次，在外语教学中，教师将英语教学紧密地与外语文化背景相结合。最后，交际能力理论的运用强调了语篇、语言环境、言语意图以及策略性教学的重要性。运用交际能力，大学生不仅可以系统地学习英语知识，同时也提升了英语实际操作能力。这对大学英语教师的课堂设计与课堂活动具有极大的参考价值。

### （二）迁移理论

1. 迁移与语言迁移

"迁移（transfer）"源于心理学研究。迁移是指已经获得的知识、技能，甚至方法和态度对学习新知识、新技能的影响。就像在二语学习中，听力的提高能对口语能力产生促进作用；口语能力的加强对写作能力有促进效果，即在语法、词汇和二语思维能力等方面有所促进。Ellis 定义迁移为"对任务 A 的学习会影响任务 B 的学习的一种假设。"而语言迁移，可以看作迁移的一种模式。指在学习新语言的过程中，已掌握的知识和未掌握的知识与目的语之间存在着异同，这种异同造成了不同的影响。这种影响会产生促进学习的作用和阻碍学习的作用，即正迁移和负迁移。

2. 对比分析

随着语言迁移的发展，语言学习者在语言层面的各个方面运用着迁移理念。而在语言运用中，常常将本族语与目的语相比较来分析两者之间的异同，进而达到更好的学习效果。这被语言学习者称之为对比分析假设。在语言学习中，与本族语的语言相似性将极大地促进新语言的学习，而相异性将干扰二语学习者。这种对比分析，将预见语言学习和教学过程中可能遇到的困难和错误。但是，本族语和目的语有时无法用对比分析来比较。因为其独特的语言特点极有可能不存在异同性。

### （三）迁移理论在外语教学中的作用

对于外语教学者而言，教师们常常需要考虑语言的负迁移作用。在外语教学中，大部分大学生都会受到母语的负迁移影响，从而不能学好外语。要是想教好外语，让学生的外语能力有所提高，外语教师必须重视语言迁移的作用。

外语教学中，学生缺乏学习语言的外语环境，只有单一的课堂教学。加上大学生的语言输入和输出量过少，不能达到量变促进质变的效果，大部分的大学生深受母语思维的影响。尤其在二语写作教学中显露无遗。大学生惯于将汉语文章用中式英语的方式翻译过来。往往这种中式英语文章语言不通，结构松散，更有甚者是词不达意。

然而，在外语教学中，充分利用迁移理论，将极大程度上减少或者避免母语负迁移的影响，提升大学生的英语能力以及成绩。总之，在英语教学中正确运用迁移理论将有助于教师高效学习课堂的构建和大学生英语能力的提升。

## 二、构建基于交际能力迁移的大学英语写作教学模式

### （一）影响大学生写作能力因素

大学生英语写作能力差主要由以下三方面因素导致：

1. 在大学英语课堂教学的过程中，以教师为主，学生为辅

学生的英语输入量过大，而输出量过少，英语输入和英语输出间存在差距。同时，大学英语教师重视英语写作结果，不重视大学生英语能力培养。导致大学生英语学习效率低，写作能力差。

2. 在中国，大学生缺乏英语学习的环境

学习英语时间少，运用英语交流少，这导致大学生英语知识掌握不牢固以及不能正确运用英语词汇、句式等结果。

3. 大学生以汉语思维为主，英语思维为辅

大学生无法正确和适时地转换两种思维，并且惯用汉语思维来写英语作文，即将汉语句子翻译成英语，组成文章。

### （二）基于交际能力迁移的大学英语写作教学模式

基于大学生的英语交际能力特点，建构"说写一体"的写作教学模式，在

说方面，学生反复地说和复述给定文章直至背诵下来；教师根据给定文章，设置话题，让学生使用文章的语句和词汇进行对话交流。在写方面，教师设置相同的话题，并且每周安排 2—3 次写作练习。同时教师进行批分，并绘制成绩曲线和精品作文词汇与语句运用情况分析表。教师与学生互相反馈，讨论与修正后，学生再次进行写作练习，教师进行批改。

### （三）解析交际能力迁移的大学英语写作模型与各要素间关系

1. 写作模型与"说"的关系

英语学习中，"说"是英语四要素"听、说、读、写"四要素之一，可见其重要性。有效性的"说"将促进学生对英语的掌握和运用能力。"说"是写作模型的重要因素，只有掌握了良好的说的能力，才能达到语言正迁移的效果。教师将根据最新教学大纲，选取合适的 100 篇英语文章，制成精品作文系列，按照经济、社会、人文等进行分类，便于学生查找。每周，教师将从中选取 2 篇文章布置背诵。在课堂中，学生需根据指定文章进行大声朗读—文章复述—分组讨论交流—指定话题对话环节。四个环节以后，学生将进行反馈和互评，互相指认话题讨论过程中曾出现的错误情况，以及值得学习之处。

2. 写作模型与"写"的关系

写作模型设立的最终目的是促进学生写作能力的提升，是重中之重。而要达到此目的，不仅仅需要师生配合，还需要合理应用输入—输出的教学理论。学生通过练习"说"的能力，背诵了课文，学习了文选中的重要词汇和语句，增加了英语输入量。同时反复复述将极大促进学生英语所学词汇和句法的应用能力。大量的输入必须与有效地输出相结合，才能达到"说—写一体"，进而提升输出的质量。在写作过程中，学生运用所背诵文章的词汇和语句的能力将有所提高，写作能力和逻辑性也将提高。

3. 写作模型与"师生"的关系

在此写作模型中，学生是主体，教师是客体。只有把握好师生的关系和主导地位，才能提高学习和教学效率。以往的英语教学中，教师是主体，学生往往以听为主。而在当代的教学过程中，教师需要转变思路，达成"师生合作机制"，学生以练习和英语应用为主，教师从旁指导并改正错误。

4. 写作模型与"反馈机制"的关系

任何的模型建立都离不开"反馈机制"的合理应用。"反馈机制"是写作模型的"纪检委"，在"反馈机制"应用的过程中，学生将相互促进，提出问题，并找寻错误点。教师将帮助学生改正错误，并和学生间有正面交流。同时，教师能够根据实际情况，合理运用写作模型。

5. 写作模型与"再次输入"的关系

"再次输入"是检验学生学习效果的重要步骤。在经过学生讨论、学生互评、教师修正之后，"再次输入"将加深学生的话题学习印象，学生能够反复推敲英语词汇和语句运用的合理性。在此过程之后，教师根据学生文章，再次进行批改，并点评。

基于交际能力迁移的大学英语"说写一体"写作教学模式的构建，充分体现了"输入—输出、说—写正迁移"的教学思想，验证了英语写作教学中，"说"的重要作用。总而言之，英语并非单一学科，要想提高学生的写作能力，就需探究英语写作与英语要素"说"的关系。英语写作模型的构建，将为大学英语教学提供新的思路。

# 第三节　网络环境下大学英语写作教学模式研究

随着我国对外开放的深入，我国和国际的交流日益频繁，使用英语输出的信息量也逐渐增多，据统计，万维网上的信息 82.3% 是用英语表达的。文本，特别是电子文本，已经成为 21 世纪人类在获取信息、处理信息、传播信息过程中最为主要的介质和方式。我们如何向世界传播最新信息，进行有效的交流？无疑熟练地掌握世界通用语言——英语，具备相应的英语写作能力是实现信息传播和交流"最大化"的前提条件。但是我国大学生英语写作能力普遍较差。据统计，国家英语四六级英语测试结果显示："写作依然是学生失分最多的项目，学生的写作平均分始终在 50—60 分之间徘徊。"由此可见，我国大学生英语写作能力远远不能满足社会和时代发展的需要。

写作是大学英语教学的重要组成部分，是综合性的语言输出过程。根据教育部高等教育司颁布的《大学英语课程教学要求》（以下简称《教学要求》），大学英语的教学目标是培养学生的英语综合应用能力。写作能力正是学生综合运用词法、句法、篇章知识以及思辨能力的体现。然而，提高学生英语写作能力并非易事。王懿等指出，1991 年 6 月的四级统考中，全国高等院校学生写作平均分为 5.07 分（满分 15 分），全国重点院校作文平均分为 5.8 分。时隔多年，2015 年 1 月的四级统考中，全国高等院校学生写作平均分为 6.7 分，全国重点院校作文平均分为 7.82 分。《教学要求》提出应推进基于计算机和网络的英语课程，这推动了基于计算机和网络的外语教学研究。郭晓英探讨了基于博客的大学英语写作教学模式的可能；董洪学等提出利用语料库资源提高学生写作水平；薛红果研究了 Wiki 环境下基于协作学习的大学英语写作教学模式；石晓玲对在线写作自动评改系统在大学英语写作教学中的应用进行了研究。在大部分研究中，学者利用单一信息技术辅助学生进行写作。

## 一、文献回顾

近年来，许多学者对大学英语写作问题进行了研究，取得了很大进展。写长法是我国学者王初明在自己教学实践的基础上总结的较符合中国英语学习者特点的写作教学方法。英语写长法以"写"为突破口，旨在通过大量写作促进学生英语实际应用能力的提高。根据"写长法"的研究成果，写长作文也有助于提高学生的英语水平，并可以带动听说读能力的提高。

有学者主张在大学英语写作教学中引入过程写作法，过程法将写作视为一种复杂的、循环式的心理认知过程、思维创造过程和社会交互过程，注重写作思想内容的挖掘和表达，注重学生作为写作主体的能动性，强调反复修改在写作过程中的作用。过程法把写作过程分为构思（planning）、初稿（first draft）、同级互评（peer reviewing）、修改或写第 2 稿（second draft）、教师批阅（commenting）、定稿（final draft）等过程。有关实证研究表明，过程写作有助于学生能力的培养和提高，很好地促进了大学英语的写作教学。

但是上述方法各有其局限性：写长法和过程式写作操作环节较多，所需时间较长，在进行集体讨论或同级互评时，个别学习者喜欢在一些枝节问题上纠缠不休，既偏离主题又浪费时间。因此，使用过程教学法的课堂教学不易控制。

为此有研究者提出利用计算机和网络来提高学生的写作能力，认为计算机辅助英语写作教学有两个优势：学生更容易投入写作精力，教师更容易讲解写作过程。网络技术为学生创造了真实的英语写作环境，提供比较好的交流和互动平台，在激励求知、促进习作、提高综合交际能力方面有着不可忽视的潜力。而且网络写作过程记录完整详细，写作评估模式上可以采用电子档案袋的测评方式来实现过程评估。

## 二、多媒体网络技术运用于大学英语写作教学的必要性

### （一）国内写作教学的现状

在外语学习中，写作作为一项输出技能（productive skill）在英语教学中占有十分重要的地位。写作能够客观地反映学生的思维组织能力和语言表达能力，既可巩固学生已学的语言知识，又能发展他们的语言技能。但由于种种原因，写作在听说读写译各项技能中，却是广大学生最为薄弱的环节，是困扰教师和学生多年的一个难题。从历年来的大学英语四级考试作文的成绩来看，大多数大学生写作能力偏低，作文所得的平均分数尚未达到及格标准。这表明，我国的大学生还未达到《大学英语课程教学要求》中关于"写"的能力要求，尚未真正形成初步的英语写作能力。

### （二）写作教学应达到的目标

在学校教育中，不同层次的外语教学有不同的写作能力要求。如《高等学校英语专业基础阶段英语教学大纲》在"写"方面要求"能根据题目，列出写作提纲，在 1 小时内写出 200—250 个词的短文"，"做到内容完整、条理清楚、语法基本正确、语言通顺恰当"。又如，《大学英语教学大纲》规定"写"的能力为"能在半小时内写出 120—150 个词的短文，如文章摘要等。文理比较通顺"。总而言之，写作教学的根本目标是：增强学生的英语写作能力，提高他们的英语写作水平。

### （三）多媒体网络教学的优势

根据目前国内写作教学的现状，对照写作教学应达到的目标，不难发现，目前我国英语写作教学的实际与目标之间还存在着相当的差距。鉴于多媒体网络技术在写作教学中体现的种种优势，我们希望通过引入多媒体网络技术，将其与英语写作教学相结合，来开辟一条提高英语写作教学效率，促进学生英语写作水平的新途径。

1.学习资源极度丰富

写作内容贫乏是我国学生在写英语作文时面临的最大问题，而导致这一问题的根本原因就在于写前没有充分地收集、吸收和消化各种素材。而多媒体网络技术在这方面提供了极大的便利。网上资源极其丰富，只要登录 Internet，

通过搜索引擎，输入想查找资料的关键词，就可找到上百个相关网站，或者学生可以直接登录有关写作训练的网站，如 Online Resources for Writers 等，直接在这些网站上查找所需题材，在极短的时间内，就可以查找到大量相关文献。除了利用网络以外，还可选择相关内容的多媒体光盘，同样可以达到目的。

2. 学生的个体差异得到兼顾

众所周知，学习者无论在个性还是在学习方法方面都存在着个体差异。多媒体网络技术兼顾了学生的这种个体差异。如：学生可以根据自己的理解能力和学习进度选择学习内容，对自己认为薄弱的环节加强知识技巧的学习；学生可以对自己感兴趣的话题进行更深入的探讨，可以对自己喜爱的文体进行更进一步的了解和学习等。这样一来，学生不仅在各种文体、风格题材的写作上得到训练，而且还可以在自己擅长的领域有所专攻，真正实现写作能力的增强和写作水平的提高。

3. 真正实现以学生为中心的教学

基于网络的大学英语写作教学模式的设计与实践活动，有助于教师教育观念和教学角色的转变，即从传统的"以教师为中心，单纯传授为主"向新型的"以学生为中心，培养学生自主学习能力"的转变；有助于因材施教，实现"立体化、网络化、个性化"的英语教学；有助于学生进行个性化学习、协作学习；有助于促进信息化教学。

## 三、多媒体网络技术运用于英语写作教学的实施模式

在多媒体网络写作环境下，写作的每一个过程、每一个环节的教学该如何进行，高校教师从总体上提出了一整套用多媒体网络技术实现英语写作教学的解决方案。从过程教学法的角度，写作教学被划分为三个阶段：写前阶段、写作阶段和修改与重写阶段。写前阶段包括阅读、讨论和构思三个子阶段，在多媒体网络写作环境可实现：通过集体构思激发新思想；通过电子邮件讨论问题；通过阅读电子手段收集的数据等。在写作阶段，多媒体网络可以实现：利用具体的软件写出框架及草稿；快速浏览文章；教师通过 Email 实现对学生写作过程的监控。修改与重写阶段包括教师评改、同学与读者评改和计算机评改。教师的评改主要集中在两个方面，一是对作文内容、结构、布局等大的方向的修改，二是对文章语法、句子、词汇等细节方面的修改。对前者的修改应该是教师评改的重点。同学评改是教师评改的一个有效的补充形式，应该引起足够的

重视。计算机评改是多媒体网络写作环境的一项特别功能，利用计算机进行文档处理使对文章的修改和校对变得非常容易。学生可以免除反复抄写的劳苦，教师可以最大限度地从细节性、操作性的工作中解脱出来。

网络与计算机技术为英语教学的改革提供了广阔的空间，该项研究基于多媒体网络技术设计了新的英语写作教学模式，该模式能够为学生营造一个真实的英语写作环境，提供一个比较好的交流和互动平台，促进学生个性化学习方法的形成和学生自主学习能力的发展，真正实现以学生为中心的教学理念。

随着网络的发展，人们对网络的认识日趋深刻并会将其越来越广泛地应用到工作和学习之中。网络不仅为学习提供了教学资料来源，也为教学提供了新的手段和途径。这一点在语言教学中尤为重要。英语教学专家普遍认为：随着网络技术的发展，英语教学也发生了根本的转变，网络多媒体技术已成为了英语教学的新手段、新方式。

随着我国经济体制改革的不断深入，尤其是我国加入世界贸易组织之后，社会对学生的外语能力提出了更高的要求。在这种形势下，深化教学改革，提高英语教学质量，改革英语教学手段，创新英语教学模式势在必行。我国在2004年颁布了《大学英语课程教学要求》，2009年教育部又批准实施了《高等学校英语专业英语教学大纲》。这两个文件都强调在全面培养学生外语技能的同时，要更加突出学生的说、写和翻译的能力。同时在文件中还指出，要利用网络多媒体技术，开发新的教学模式以改进传统教师讲授为主的单一的课堂教学模式。所有这些都为英语写作教学模式的改革提供了有利的条件。

英语写作能力是学生英语能力的重要组成部分。长期以来，在英语教学中写作能力一直都是学生比较薄弱的一个环节。这一点在目前的大学英语学习中虽有很大的改善和提高，但是学生的写作能力无疑是听、说、读、写中最为薄弱的一个。尤其是在大学公共英语教学中，写作一直都是公共英语教学的一个附属环节，而没有独立出来成为一个单独的教学主体，这种情况就更加不利于学生大学英语写作能力的提高。

写作能力的培养是一个长期的过程，在学生没有自制力又缺乏教师监督的情况下，学生的写作能力很难得到提升。而缺乏练习导致学生写作能力低，影响了学生的考试成绩，进而打击学生英语写作学习的积极性，也影响了教学效果。

学生英语写作问题也可以从学生四六级考试中体现出来。英语四六级作文一般字数要求在 150 字左右。在平常学习中学生也对之进行了针对性训练，但是学生写作成绩仍然普遍较低。究其原因在于词汇量和句型匮乏，不能很好地表达自己的意思。同时还存在不能准确地判断作文主题的问题。这些因素都对学生写作产生了很大的影响，也体现出了学生写作能力低以及大学英语教学中的问题。

通过对学生进行调查，我们发现学生在英语写作学习中主要存在以下问题：学生缺少写作的主动性和兴趣，依赖于教师的讲解和作业监督，没有自主学习的意识，缺少写作动机，教师不留作业，自己不想主动写作。而在实际的写作过程中存在问题如下：词汇量不足，没有思路，不能灵活运用所学词汇与句式，语法错误比较多，语篇连贯性不强，出现大量短句，长句子使用过程中以汉语思维来构造，不符合英语句式的使用习惯。我们可以看出，学生在英语写作学习和写作过程中是存在很大的问题的。

不仅学生如此认为，通过我们对大学英语教师的调查分析，可以看出教师对英语写作教育也有很多的不满。很多教师认为在写作教学中缺少写作内容，缺少写作素材。而且由于写作没有成为一个独立的教学组成部分，导致写作时间和写作训练少。即使有写作训练，但是由于教师少学生多导致教师无法给予详尽的辅导。

通过以上的分析，我们可以看出英语写作教学存在着很大不足，同时学生的英语写作能力和社会要求的学生应该具备的写作能力相差甚远。

《大学英语课程教学要求》对学生的书面表达能力提出了三个层次的要求：

一般要求：能完成一般性写作任务，能描述个人经历、观感、情感和发生的事件等，能写常见的应用文，能在半小时内就一般性话题或提纲写出不少于 120 词的短文，内容基本完整，中心思想明确，用词恰当，语意连贯。能掌握基本的写作技能。

较高要求：能摘译所学专业的英语文献资料，能借助词典翻译英语国家大众性报刊上题材熟悉的文章，英汉译速为每小时约 350 个英语单词，汉英译速为每小时约 300 个汉字。译文通顺达意，理解和语言表达错误较少。能使用适当的翻译技巧。

更高要求：能用英语撰写所学专业的简短的报告和论文，能以书面形式比较自如地表达个人的观点，能在半小时内写出不少于 200 词的说明文或议论文，思想表达清楚，内容丰富，文章结构清晰，逻辑性强。而对于大多数学生而言，其英语写作能力能够达到一般要求就已经有一定困难了。所以英语教学尤其是写作教学中，我们要积极探索新的教学模式，努力提高学生的写作能力。

建构主义学习理论认为，学生的学习动机在学生的学习过程中有着重要的作用。因此，以建构主义理论为基础的教学模式，在教学过程中重视"过程""能力""情景""学习共同体"以及"意义建构"等因素。从建构主义理论角度来分析，我们可以看出网络平台给过程性写作提供了必要的条件，同时也给教师和学生之间的互动交流提供了便利的条件。建构主义学习理论也为网络技术和英语写作教学的结合提供了理论支撑。

网络带给教学活动最大的优势就是打破了时空限制，使学生和教师可以方便及时地进行交流和信息反馈。网络可提供的信息资源是开放的而且是可以共享的，这就为教学提供了丰富的教学资源。同样，在英语写作教学中，教师可以利用网络搜集丰富的素材以供教学之用。教师可以利用各种网络交流工具和学生进行及时交流，了解学生在写作过程中遇见的问题，这不仅可以提高教学质量，更可以提高学生的学习兴趣，培养学生积极的学习态度。在英语写作中利用网络多媒体技术，可以给学生模拟出生动的情境，为学生英语写作创造出理想的学习条件和学习环境。这些无疑是符合建构主义学习理论的。

基于网络技术的发展，教育教学理论的创新以及大学英语教学的需要，在大学英语教学中我们要在充分利用网络多媒体技术的同时，探索出符合时代需要的大学英语写作教学模式。结合教学实践，大学英语写作模式的探索应该从教师，学生和网络技术三个方面入手。

从网络技术层面来讲。网络技术是英语写作模式创新的基础，它的发展决定了英语写作模式革新的环境。其改善和发展也是教学模式得以创新的物质基础。网络技术的发展由两方面构成：硬件设备和网站建设。硬件设备是必要的物质基础，是教学模式改革的基础。受经济条件的限制，学生不可能每个人都具备计算机。所以为了学生能够更好地进行网络环境下的写作学习，学校应该构建必要的网络学习设备。

信息技术能够改变知识信息的呈现形态。依托网络教学平台在写作教学中可以用多种方式呈现作文题目，背景资料，词汇语法等，但是这一切的基础是良好的网站建设。网站建设也是实施英语写作学习的必备条件。学生在网上学习英语写作一个最大的困难就是不知道如何学习，找不到合适的学习网站。这就要求我们加强网站建设，为学生建设能够满足其学习需要的网站。一个科学的合理的学习网站，不仅要有学习的课程，还要有具有娱乐性的学习栏目。同时网站要集文字、图片和视频为一体，要坚决避免只有文字或者音频文件的枯燥的学习氛围。

从教师层面讲。教师要对网络环境下的英语写作教学有清晰的认识。网络改变教学模式是一个不可逆改的事实。我们一定要打破传统的教学模式和教学思维，积极接受新的教学模式。这就要求我们要做到以下几点：

首先，要提高自身的计算机方面的技术。计算机技术是教师适应网络环境下英语写作教学的基础。只有教师具有较高的计算机技术，才能够充分利用网络资源丰富完善我们的教学。

其次，要实现教学模式的多元化。传统的教学模式由于技术手段和教学资源的限制，教学模式是单一的讲述式教学。而网络技术为我们提供了丰富的教学资源和展现这些教学资源的技术手段，为我们实现教学模式多元化提供了物质和技术基础。这需要我们在不同性质的英语写作教学中采用不同的素材，使用不同的教学模式，以收到最佳的教学效果。

再次，教师的角色由教学的施教者转变为教学过程的监控者。"教师筛选与教学内容相关的写作材料并实现资源共享，下达写作任务，并对学生整个网上学习过程进行监督，及时发现并解决学习过程中出现的难题，更好地了解学生的学习状况。"

从学生层面来讲。学生要充分利用网络的学习作用。要通过网络积极和教师进行交流。最关键的是要树立科学的学习观念，网络是一个重要的学习工具而不仅仅是娱乐工具。

网络环境下大学英语写作教学模式探究是一个长期的过程，在这个过程中，只要我们树立了科学的理念，相信我们一定能够构建合理的教学模式。我们的英语写作教学也会取得更好的成果，学生的英语写作能力也会得到提高。

传统的大学英语写作教学步骤是布置作文—收作文—批改—发还（学生已淡忘所写内容）—讲评，几乎不在课堂上对学生的习作进行修改，许多教师认为此教学模式存在严重问题，因为这给学生留下了教师负责提高作文质量的印象。而基于网络和计算机的大学英语写作教学模式为学生自行修改习作提供了多种多样的支持。

## （一）准备（Planning）

夏玉红以《新视野大学英语读写教程第三册》第一单元为例，设计以下作文题：Love Knows No Bounds（大爱无疆），上课即告知学生完成本单元学习后要求以此为题写一篇作文，同时明确要求学生在写作中至少使用两个从课文中提炼出来的句式，并模仿课文的写作手法。上课即布置任务，而后教师在课堂上引导学生进行阅读，分析教材所提供文章的篇章结构和写作手法，并从中提炼出可以模仿的句式。例如：My brother, Jimmy, did not get enough oxygen during a difficult delivery, leaving him with brain damage...，从中可提炼句式 Somebody/Something（did not）did something, leaving somebody / something...（consequence），用于表示前因带来了后果。从课文中提炼出的句式在课堂上用 PPT 呈现给学生，并进行操练，目的是令学生能够熟练使用句式。给学生布置作文即对学生提出了输出任务，在此输出任务驱动下，学生积极接受输入的知识并开动脑筋搜寻相关素材。

学生明确写作主题和要求后，通常会采用 brainstorming（头脑风暴），在英语班的 QQ 群里提出自己对题目的想法，学生的互动有助于其在写作的准备阶段发现作文材料、发掘写作意义和确定写作角度，教师也可提供适当帮助，建议学生浏览一些网站来检索与写作主题相关的内容材料。

### （二）写作（Writing）

在写作阶段学生方法各不相同，有些人会通盘考虑文章的组织结构和内容并写出提纲（outline），而一些人会直接动笔几乎不花时间构思，但是他们在写作过程中经常停下来思考。学生不同的写作习惯提醒教师应因材施教，不要求学生在写作过程步骤上整齐划一，以其输出的作文质量为准。

现代网络技术和文字处理软件可以使学生轻松快速地完成文稿，在线词典、wiki 百科、China Daily 英文网站和 BBC 官网等网络资源给予学生极大的帮助，学生可以通过输入关键词搜索找到相关写作素材和适合的英文表达方式，尤其在文本的编辑和修改方面，学生可以轻松地删除和粘贴复制。学生在完成初稿后，将作文提交在线自动评改系统，如句酷批改网，系统会对学生作文一句一句地分析，自动对比语料库识别词汇搭配等语法错误，并实时提出改进建议，学生可依据其反馈进行修改，人机互动，提高作文得分。教师还可以在自动评改系统设置查重功能，杜绝学生大段原文照搬。

然而，Hedge 认为所有上述的在线辅助都局限于遣词造句层面，有些糟糕的学生过于注重词句的修改而未能考虑文章整体结构的改进提高。因此，教师可以在写作之初提供一份对照表，以便学生在完成初稿后可以自己进行校对

（proofread）。

1. Are the title main words capitalized?

2. Does the title fit the piece?

3. Are paragraphs used to organize information?

4. Is the main idea clear, with a sense of purpose?

5. Is information placed in logical order?

6. Does each sentence begin with a capital letter?

7. Does each sentence end with a proper punctuation?

8. Are there other words that should be capitalized?

9. Are plurals and possessives correct?

10. Are quotation marks used correctly?

### （三）修订（Revising）

给作文提出反馈（Feedback），以期作者在此基础上进行修订是英语写作教学的重要步骤,绝大部分在线自动评改系统所提出的反馈是遣词造句方面的,从篇章布局和内容选择方面提供反馈还要依赖同伴互评（peer editing）和教师评价。

1. 同伴互评（Peer Editing）

把班级学生分成 3—4 人的小组，学生完成初稿后，将其通过 e-mail、blog 或 QQ 传给小组内同伴评阅。教师提供评价表（Peer Editing checklist），指导学生从结构设置（Organization）、连贯性（Coherence）、内容（Ideas/Content）和技术性细节（Grammar and Mechanics）等方面入手对同伴作文进行评价。关于结构设置的评价表包括如下问题：

·Does the composition begin with an attention grabber or hook?

·Does the composition have at least three paragraphs?

·Does each paragraph have at least three sentences?

·Does each paragraph have a topic sentence?

·Does each paragraph have a concluding sentence?

学生依据教师提供的评价表逐一核对所评价的作文的结构设置、连贯性、内容和技术性细节（包括格式、拼写和语法是否正确等），对每一个问题进行思考后做出自己的回答，学生在填完评价表后，需以电子文档反馈给作者，供作者参考。每一位作者会收到至少两份来自同伴的反馈，在收到反馈后，据此对作文进行修改，并撰写反思报告，报告中需说明作者本人认同哪些同伴的评价，以及如何根据同伴评价对作文进行修改。学生在进行同伴互评时转换了身份和视角，以读者和评论者的身份眼光来审视作文，这激发起他们对写作的兴趣，并培养出写作过程中对读者的意识，可以有意识地选择写作内容和方法，以求客观清晰地表达主题思想，不再自说自话。

2. 教师评价（Teacher feedback）

在写作的结构设置和技术性细节方面，由于在学生自查和同伴互评的环节中，教师已提供详细的评价表，学生在网络工具的辅助下，错误拼写和格式等基本问题可以避免和纠正，但教师可能需要指出连写句（Run-on Sentences）和残缺句（Fragments）等问题的存在。

学生把依据同伴评价修改后的作文二稿通过写作博客平台提交给教师，博客平台的内容更新方便教师及时关注。教师在评价学生习作第二稿时更侧重文章的内容和连贯性，考虑行文是否合乎逻辑讲得通？文中的转折语句使用是否正确？是否有行文累赘的部分？还需考虑是否文章所有内容都支撑论点？论点是否得到了充分证明？文中句子结构是否多样？

在评价学生作文时，教师会积极肯定学生作文的长处，客观评论而不批评，在缜密思考后提出具体可操作的修改意见，提诱导性的问题而不直接帮助学生修改。例如：

·Smooth transition.

·Interesting analysis.

·Why do people react this way?

·How is this related to the theme of Love Knows No Bounds?

教师对学生作文就谋篇布局、行文连贯和内容遴选等问题提供反馈后，将作文返还学生，学生再次进行反思与修改，而后将修改完成的第三稿提交在线自动评改系统，由于学生的初稿已在线提交过，教师会要求学生本次提交的定稿与初稿相比至少有30%或更高比例的修改（这一点可以通过平台提供的查重功能做到），以确保学生充分考虑同伴和教师的反馈，积极认真地进行作文的修改。同时，学生在修改过程中也更熟练地运用各种写作技巧，养成站在读者角度客观审视自己文章的习惯。

教师点评除了就文章的谋篇布局和内容遴选等提出反馈，同时也特别强调文章是否有作者的创见（original viewpoint）。若学生在作文中提出独到的见解并可以自圆其说，会得到额外加分。这一举措旨在鼓励学生独立思考，批判性遴选作文素材。

### （四）建立档案（portfolio）

于强福介绍了美国匹兹堡大学的英语写作教学模式，教师把学期内学生所有写作文件整理放入一个文件包存档，这一举措在在线电子平台上方便可行。学期末要求学生提交个人电子版写作档案，需要包括所有作文的初稿、二稿，和其中一篇作文的定稿，所有作文的同伴评价意见，所有作文写作过程中的反思报告，以及对整个学期英语写作学习的反思报告。档案可以帮助教师了解学生在一学期的英文写作学习中的付出与进步，辅助教师对学生进行过程性评估。同时也有助于学生客观反省自己在英文写作学习中的问题，从而自觉加强自身的薄弱环节。

### （五）网络平台

新视野大学英语在线学习系统为使用《新视野大学英语》系列教材的师生提供在线辅助学习和教学，提供互动交流的平台。每一位教师和学生都有自己的账户和密码，教师可以将教学课件、教学资料、作业布置、各种通知等上传至平台，方便学生课后查阅和复习参考，而学生也可以将作文作业上交至此网络平台，教师通过平台进行评改，还可以将佳作放置公告栏，以便于其他学生浏览学习。与此同时，教师可以建立写作博客，班级可以建立 QQ 群，利用 e-mail 等信息技术手段在网络平台上充分利用各种资源辅助英语写作。

网络环境下的大学英语写作教学基于"输出驱动 - 输入促成假设"，结合了写作与阅读教学，使二者相互促进，进一步激发学生对写作的兴趣。首先设定写作的输出任务，促使学生积极主动地阅读以输入写作需要使用的句式和写作手法，以读促写；之后在写作过程中需要充实文章的内容和丰富表达手段，学生会自发在网络平台上利用各种信息技术搜索相关材料，而面对网络提供的海量信息，学生反过来又要大量阅读，从中筛选，此刻是以写促读。

同时，网络环境下的大学英语写作教学培养了学生的自主写作能力和思辨能力（critical thinking skill）。学生需要根据写作主题自主确定如何使用从课文中提炼出的句式，在完成初稿的过程中需进行自我校对，收到同伴互评的反馈后，需要进行自我修改和反思来完成第二稿，收到教师反馈后又要再次自我修改完成定稿，整个写作过程中，学生都是独立地进行文章的构思、修改和完善，并逐渐建立起读者意识，可以客观评价他人与自己的作品。而与此同时，在网络上搜集写作素材时，学生更进行了批判性阅读，有意识地思考信息针对的对象，质疑信息提供者的态度立场，以及依据自身经验去判断信息是否可靠，从而决定对写作材料的取舍，提出创见。这种自主写作能力和思辨能力，无论学生以后从事专业研究、撰写学术论文还是应对日常生活，都是不可或缺的。

# 第四节　大学英语写作教学改革模式创新研究

"互联网+"时代的到来，意味着信息技术可以同各项传统产业结合，从而提高某个产业的生产力；同样，教育行业也是一样。"互联网+"时代下，学生也可以通过信息技术获取更多的信息及资源，但也对现有传统的陈旧的高校教学模式提出了新的要求，如果高校依旧保持原有的教学方法和教学模式，必然会导致教学效率的下降，减弱教学的有效性。"互联网+"时代下，经济全球化，更需要学生提高写作能力，因此，有必要对"互联网+"时代下的大学英语写作教学模式的创新进行分析研究，以便提高学生的写作能力，使学生更好地符合社会对人才的要求。

## 一、"互联网+"时代下的大学英语写作教学模式的现状

英语作为世界通用语言，其重要性自不必多说。其中英语写作能力是英语语言能力的一个重要组成部分，能够较为全面地反映学生的真实英语能力。因为一篇优秀的英文作文，需要作者具备大量的英文词汇并准确地应用词汇语法组成句子，而不是根据中文的表达习惯进行写作，这就变成了Chinglish。因此，提高学生的英文写作能力，相当于提高了学生英语的词汇、语法能力等。但是我国大部分高校的学生其英文写作能力并不高。传统的英语写作教学模式以教师为主，学生被动接受，这种陈旧的写作教学模式容易让学生产生厌烦感，难以调动学生的兴趣，使得教学效率低下，不仅浪费时间，而且使得学生的写作能力得不到提高，教师的教学兴趣下降。这种教学模式也不利于师生之间的互动，学生的问题不能及时得到解决，学生的主动性被磨灭，导致教学的效果差。可能教师认为，课堂上的时间短，学生无法完全掌握写作中的重难点，因此会

在课下布置大量的作业，让学生进行大量语言的使用练习；但从学生的角度来看，会面临作业量太多的问题，而且如果语言和内容的问题得不到及时反馈，学生的兴趣可能就所剩无几了。因此对这种现象要及时更正，以便提高学生的英语写作能力。

## 二、"互联网+"时代下的大学英语写作教学模式教学面临的挑战

### （一）学生的写作效率变低

互联网技术的快速发展，使得高校教师和学生能够很方便地获取各种信息，方便了高校教师在教学中对资料的分享和发送。学生可以通过互联网搜索到自己想要的信息，尤其是在英语写作时，当对某些词汇的使用不清楚时，可以通过各种互联网词典进行查询，从而获取自己所需要的内容。教师也可通过网络给学生布置任务，直接在网上批改，这样就减少了纸质作业的复杂性，节省了时间、物力、财力等。但是学生在使用网络进行信息查询时，可能会降低自身的效率。因为互联网中有各种各样的信息，如果学生不想写作业，就会在互联网上先进行各项娱乐活动，如此便浪费了大量的时间，到最后可能只是匆匆把作业写完，或者直接在网上抄一段来应付作业，此种做法对学生英文写作能力的提高毫无用处，还浪费了时间。而且网络上的电子词典或者解答可能不太准确，但学生自身可能不知道，因此，会存在误导学生的情况，所以便要求教师在写作能力教学时，对学生如何完成作业，如何找到优质的资源及词典提出要求。

### （二）教师自身素质需要提高

随着计算机技术在各行业的应用，高校英语写作教学中使用信息技术也成为了必然。首先"互联网+"时代下，大学生学习资料的获取变得更为便捷，学生的选择变得更多。如果教师还只是采用传统的教学方法，课堂教学的趣味性便无法得到保证，那么学生可能会选择逃课，或者在课堂上做其他事情。长此以往，学生的抵触情绪可能会日渐增长。而网络上有很多英语写作教学课堂，喜欢学习的学生可能会再付费购买网络课堂来补充知识点、语法等。但是由于网上的课程种类繁杂，知识点不统一，可能学生也不知道哪种课堂适合自己，可能会出现购买的课程过难或者过易的情况，因此教师必须结合现有的互联网

技术，创新大学英语写作教学模式，提高学生的兴趣以及课堂的趣味性，进而提高课堂的效率，这样一来，学生的英语写作能力自然会提高。

# 三、"互联网+"时代下的大学英语写作教学模式存在的问题

## （一）课堂教学过分依赖多媒体

大多数高校教师可能对互联网不是太懂或者自身不想去使用更丰富的互联网技术。因此在学校要求教师在教学过程中要与互联网结合时，有些教师就片面地理解为采用多媒体教学。导致一些教师只是通过网络下载已有的PPT或者在以前的PPT上进行稍微改动，便带到课堂上。在讲课中只是使用PPT进行知识点的展示，虽然在一定程度上缓解了课堂上的枯燥的气氛，但是效果不是很好。学生也会认为教师不认真而产生反感情绪，从而降低课堂效率。互联网技术不仅是指多媒体，过多使用多媒体教学，一方面可能使教师变得懒散，另一方面不利于高校培养学生的各项能力。这是现阶段大学英语写作课堂教学中的主要问题。

## （二）多媒体制作过分重视技术

为了提高教学水准及课堂的有效性，高校应定期开展教学的视察和评比工作。这在一定程度上促进了高校教师的业务能力和教学能力的提高。但是在一定程度上会增加教师的负担和压力。教师一般可能在平时会采用传统的教学方法，而在评比工作期间，为了得到更好的效果，会花费很大的精力进行课件和教案的设计及准备，由于与平时采用的教学模式不同，因此就需要学生的大力配合，可能会进行提前练习，浪费学生的时间。而且过于注重对教学视频的设计，注重在视频制作中增加计算机技术的比例，从而导致英语写作教学中的内容过于空洞，甚至只是停在形式方面。应该明确的是，高校开展这项活动的目的是推进教学改革，提高教学先进性和高效性，而不是教师个人能力的提升。这种形式多，内容少的行为，背离高校的最初目的，对学生英语写作能力的提高用处不大。

## （三）受传统教学模式思想影响较深

传统的教学模式中，教师是主体，学生处于被动地位，这种传统的、单一的教学模式使学生觉得课堂枯燥无味。传统的教学思想根深蒂固，导致以学生

为主体的教学模式难以快速展开，尤其是在高校英语写作教学中，学生的问题得不到及时的解答，影响学生的积极性和主动性。因此，教学模式的改革和创新，需要教师内心的认可和学生的配合。提高教师对创新教学模式的认识，从而进行各种网络信息化和课堂教学结合的尝试，找出适合的高校英语写作教学模式。高校也要加强信息化设备的投入，提高教师教学的便利性。

## 四、"互联网+"时代下的英语写作教学模式创新的建议

### （一）利用互联网技术，增加与学生的互动

1. 课前任务

课前，教师通过网络，将课前任务或者微课发给学生。为了提高教学质量，更好地达到教学目标，需要将写作材料和练习安排与学生的实际情况结合起来。如可以将写作训练材料的主题设定为：投资与贸易、经济与发展、外汇与出口、利率与外贸等。然后让学生从这些主题中选择自己感兴趣的内容，将选择相同的学生分为一组，通过共同搜寻材料进行共同探讨，理解和掌握更多的写作技巧和方法，最后教师再对重点和难点进行讲解和总结，通过这些课前任务，激发学生学习和翻译的积极性，通过自己搜寻材料，调动自身的能动性，通过教师和学生的互动，掌握更多写作方面的方法和技巧，提高写作能力。

2. 课堂互动

在各小组的代表将作文讲解完之后，教师应该要求学生将写作过程中的难题以及如何对这些问题进行处理的方法向其他同学进行展示，除此之外还应展示该小组认为作文好的地方和不足之处及用了什么写作策略和写作技巧等，其他小组的同学可以提出不同的意见和建议，最后教师和同学一起讨论作文写作的优点及缺点，好在哪里、不足在哪里，应该如何改进，写作方法和写作技巧应该如何应用。通过作文之后的讨论和总结，将写作理论贯穿整个写作的实践过程，通过整个写作实践过程，学生不仅增加了对写作的兴趣，而且写作过程中的问题和难点，也通过讨论得到了解决，学生掌握了更多的写作技巧和方法。此种教学模式使学生能够将写作理论更好地与实践相结合，通过将一篇作文进行反复讨论，并与不同的作文进行对比和分析，借鉴其他作文好的地方，修正自己的不足，一方面学生欣赏了其他人的作文，另一方面也使自己的作文能力得到了提高，进而帮助学生提高综合能力。

### （二）充分使用互联网工具

1. 建立个性化的英语资源库

"互联网+"时代下，学校要建立高校个性化的英语资源库，由于学生自行在网络上寻找资源会耗费较多时间及财力成本，而且可能找到的资源不太优质，因此，学校应建立个性化的英语资源库，学生直接进入学校的内网就可以搜索到很多优质资源，减少了学生的各项成本，提高了学生的写作效率。同时，高校要及时把新的资料素材引进到资源库，让学生了解到最新的知识和词汇。大学英语写作能力的教学不能仅仅停留在课堂上，通过资源库的建立，教师可以为每个学生设定个性化的英语写作教学，全面提高学生的各项英语能力。

2. 微课教学模式

微课是"互联网+"背景下英语在线教学的新模式，通过短小、灵活的视频展示知识内容，进而通过共享的方式方便学生学习。微课教学需要教师精心准备和设计，并凸显客观性和主体性，从而营造多元化的教学氛围。

高校英语写作教学模式较为落后导致英语写作教学效果较差，学生的积极性低，英语写作能力差。因此，"互联网+"时代下，为了提高学生的英语写作能力，教师要充分利用互联网技术，加强课堂上的师生互动，利用各项互联网工具，建立英文资料库，提高教学水平。

# 第十章　新时代背景下大学英语智慧教学体系构建

社会发展的总体形势需要大学英语教育者适应现代教育技术的发展，着力培养高质量的英语人才。2018 年，中国开启了"建设一流本科、做强一流专业、培养一流人才"的新征程。在"2018—2022 年教育部高等学校教学指导委员会成立会议"上，时任教育部部长陈宝生强调，"要加快完善现代信息技术与教育教学深度融合机制，加快用信息技术改造传统教学、提高教学水平的进程"；同年 12 月，时任教育部高等教育司司长吴岩撰文指出，"大力推动在线开放课程建、用、学，是实现中国高等教育质量，特别是人才培养质量'变轨超车'的关键一招"。《国家中长期教育改革和发展规划纲要（2010—2020 年）》指出："提高质量是高等教育发展的核心任务。"提高高等教育教学质量要求我们进一步对大学英语的教学进行改革，将信息技术合理融入课程学习和教学，为大学生提供优质的大学英语教育。如何提供优质的大学英语教育？下文将论述新时代下大学英语智慧教学体系的内容。

## 第一节　智慧教学内涵

大学英语智慧教学以学生、教师的"双主"为教学理念，在对教学内容进行多元融合的基础上，借助现代信息技术推动教学理论实践化及教学工具和手段的革新，催生了多种教学模式的交融和混合式教学的发展，客观上营造出新型的在线学习共同体。新时代的大学英语智慧教学以语言学习为核心，致力于提高学生英语水平和自主学习能力，同时发挥人文教育的特性，培养学生的思维能力、情感能力，做到知情合一，即认知能力与情感能力协同发展。

大学英语智慧教学以"智慧"统领教学全过程，主要体现在以下方面：

第一，"智慧"体现在"以学生为中心"的理念上，尊重学生的学习主体地位，但并不排斥教师的主导作用。"以学生为中心"就是强调学生是学习的主体，学生的已有的语言基础、先验知识、学习动机或兴趣、学习风格、学习效果、情感特征等都是教师应该关注的，这是建构主义和人本主义所主张的。然而学生的主体地位和教师的主导地位需要智慧处理，使二者在地位上达到平衡。Trigwell 和 Prosser 在编制《教学方式量表》时便指出，教学方式处于教师中心和学生中心这两个极端的连续体中，这意味着课堂教学方式取决于教师和学生的互动，具有动态性和灵活性的特征，而非处于教师中心或学生中心的极端状态。教师主导的课堂教学策略与学生自主学习的方式可以并存于课堂之中，二者并非对立冲突。在培养学生的自主学习能力方面，我们需要将"学生中心"视为一种教学原则，发扬那些激励学生主动思考、照顾学生个体需要的教学实践，同时借助师生、生生互动促使学生积极参与课堂教学。坚持"以学生为中心"，既要满足学生主体、兼顾效率和质量的价值诉求，又要注重教师对教学程序的主导作用和对教学活动的组织。

第二，"智慧"体现在大学英语教学内容的多元融合上。首先，要打破"一套教材教到底"的思维，打破逐个单元学习的思维。教学内容围绕主题展开，教师根据主题选择不同层次的素材。内容可以在同一册书中，也可跨越不同的数册书。其次，信息化时代缺的不是英语学习的素材，而是如何将其整合为学生最需要的内容。把网络中碎片化的内容形成有意义的节点，便于学生构建自己的网络系统，从而形成创新性的知识。再次，构建多维的教学资源。如果说前两者是做的分类整合的工作，那么这第三点需要教师投入更多的精力和智慧才能完成，因为这是直接的创造性工作。我国幅员辽阔，高校众多，而大学英语课程又是大多数高校的必修课，教学内容不能搞一刀切，因为每个地方的地域特色、每所高校的特点、学生的需求、英语水平等往往有着很大的差异。所以，制作适合自身特点的教学资源显得尤为重要。教学资源的形式可以多样化，可以是简单的文本、课件，也可以是微课资源。这需要庞大团队的精诚合作才能完成。再者，内容的多元融合体现在跨越不同的课程类别。《大学英语指南》将大学英语课程分为通用英语和专门用途英语，似乎必须在完成通用英语、达到一定的水平后才能学习专门用途英语。现实是要在有限的学时内开设不同类别的课程，在很多学校暂时无法做到。更大的可能是，在通用英语的学习过程中融入不同学科的专门用途英语。这种融入可以借用别人的素材直接使用，也可以将借来的教材先进行改编再提供给学生使用。当然，在信息技术如此发达的今天，学生的交流分享无处不在。学生提供的材料，甚至做的报告都有可能是供全体师生学习的优秀素材。这些东西理所当然应该被纳入教学内容的体系中。

第三，"智慧"体现在以信息技术推动大学英语教学的发展。首先，技术的发展促进了新的学习理论的诞生，为大学英语教学提供了指导，如连接主义理论、多元智能理论等等。其次，在教学实践中，技术催生了新的教学工具和手段，构建出智慧的学习环境。随着人工智能、移动互联网、富媒体、移动终端、虚拟现实等技术的发展，智慧学习时代的学习场所已经从物理学习空间拓展到了网络学习空间。基于校本的智慧校园学习平台，区域性、全国性的慕课平台等无一不是技术的发展带来的产物。利用网络学习空间开展探究型学习、名师讲堂、区域网络协作教研等多种方式，实现了教学和学习方式的变革。学习环境是信息技术带来的最显性的改变，这对于教学异常重要。因为正如美国著名教育技术专家 Jonassen 等所认为的，学习环境是个体 / 群体（小组）一同学习或相互支持的空间，学习者从中控制学习活动，并且运用信息资源和知识建构工具来解决问题。再者，技术改变了教学内容的载体。比如，新加坡南洋女子中学将学生的纸质课本转化为电子课本，这个电子课本不只是纸质教材的电子文本形态，还将每一课、每一章节内容，按照学案模式，集教材文本、拓展链接资料、检测试题、在线答疑于一体，构建起教学互动的多媒体学习平台。这样一来，教师和学生有更多时间思考更深层次的问题，师生发问的质量提升了，讨论自然也更深入。

第四，"智慧"体现在多种教学模式的融合。我们已经意识到我们既不能脱离信息技术，完全固守传统的课堂和教学模式，也不能完全抛弃它们而投向网络教学的怀抱，我们必须开展线上线下相结合的混合式教学模式。混合式教学是在适当的时间，通过应用适当的媒体技术，提供与适当的学习环境相契合的资源和活动，让适当的学生形成适当的能力，从而取得最优化教学效果的教学方式。

所以混合式教学应当综合考虑教学目的、培养宗旨、环境条件等因素，关键是理解不同模式背后的教学指导思想，确立主体性教育观念，重塑师生的相互关系，结合特定情境来建构多样化的教学模式，实施混合式教学。讲座式教学、案例式教学、研究型教学、问题导向型教学、产出导向型教学、支架式教学、抛锚式教学等都可以根据需要进行选择。比如，对于像语言的文化背景这类相对独立或者前沿的教学内容，通过讲座的形式，教师做主题发言，然后集体探讨，让学生通过自学解决自己所能解决的问题，而把教师的主要精力用于指导学生的学习方法，解决教学中的重点、难点，既能加深对学习主题的理解，又扩充了学生学习的知识领域。而对于某个语言技能的训练，产出导向型和支架式教学可能更为合适，在线上课堂进行技巧阐释与任务布置，线下课堂开展成果展示、分享与评价。何时何地用何种方法，考验着教师的智慧。

第五，"智慧"体现在营造学生、教师为主体的在线学习共同体。学习共同体是以学习者、教师以及专家等为主要成员，以设定相应的学习任务为目标，以沟通、交流和资源分享等活动形式为特征，共同完成一定学习任务的学习团体。大学英语智慧教学倡导生生之间、师生之间以及教师之间的学习互助、分享，实现共同成长。

第六，"智慧"体现在大学英语课程语言教育和人文教育的有机融合。最新版的《大学英语教学指南》描述大学英语课程是"高等学校人文教育的一部分，兼有工具性和人文性双重性质"。工具性体现在：大学英语课程是在中学阶段的基础上进一步提高学生的英语听、说、读、写、译的能力。人文性体现在大学英语课程要培养跨文化交际的能力，既要了解国外文化又要将中国的文化传播出去；同时要以人为本，弘扬人的价值，弘扬社会主义核心价值观，促进学生的"全面"发展。大学英语智慧教学不仅注重语言的技能，也要注重情感能力的提高，帮助学生增强生活体验，培养道德情操，树立正确的人生观、价值观和世界观。大学英语需要回归语言本质，发挥语言的魅力，让学生真正爱上英语，在语言的潜移默化中感受文化、吸收人性的光辉，最终提高人文修养。

# 第二节　教学环境

## 一、智慧网络学习空间

智慧网络学习空间是借助现代信息技术建立的教与学的虚拟网络空间，提供学生空间、教师空间、家长空间、管理者空间以及机构空间等各种空间服务的在线平台，旨在服务教学，服务师生成长，促进教与学方式的变革。

### （一）发展阶段

智慧网络学习空间是随着信息技术的发展和教育理论不断深化而逐步成长起来的虚拟学习环境。从最初的在线传递课程到当前集课程资源、作业、测试、交流于一体的空间系统，网络学习空间在教学中的应用越来越广泛。21世纪初以来，网络学习空间大致经历了三个阶段，这三个阶段并不完全独立存在，而是互有重叠，各有侧重。

#### 1.教学资源传递分享阶段

由于受到开放教育资源运动的影响，国内外教育机构和管理机构纷纷启动了相关的教育资源开放项目。如麻省理工学院的开放课件计划、我国的国家精品课程资源网等。在这一阶段，网络学习空间多以教育专题网站、教育资源库、教育资源网等形式存在，登录网络学习空间可以下载和浏览课程资源和素材资源。学习者可以匿名下载，自由学习。

#### 2.独立的网络教学平台阶段

早期的网络教学平台通常由网上教学支持系统、网上课程开发工具、网上教学资源管理系统和网上教务管理系统组成。其中，教学支持系统是平台的核心，提供课程学习、互动交流、作业练习、提问答疑、日程管理等基础性功能，并以个人中心或个人门户的形式向广大师生提供网络学习空间服务。早期的网络教学平台多采用单独部署模式，与其他应用系统之间相互独立，因此提供的空间服务较为简单，"人人通"的范围局限在某门课程或某个平台内部的用户之间。当然也有一些教师使用博客、QQ空间等社会化软件平台构建个人学习空间。网络教学平台最先在高等教育领域部署试用，之后快速扩展到基础教育和职业教育领域。

#### 3.融合创新阶段

2016年2月2日，教育部办公厅印发《2016年教育信息化工作要点》，指出要重点推动"网络学习空间人人通"，扩大网络学习空间应用覆盖面。"十三五"指导意见提出"要融合网络学习空间创新教学模式、学习模式、教研模式和教育资源的共建共享模式"。这标志着我国网络学习空间的发展即将进入融合创新阶段。"网络学习空间人人通"应在"通"字上下功夫，"通"强调建设的同时更强调应用的开展，"通"体现在"接入畅通、使用畅通、数据汇通、信息沟通、资源融通、服务贯通"，最终达成"知识建构、个性发展、集体智慧发展"的目标。随着国外大规模在线课程的兴起，国内建立了学堂在线、网易云课程等开放式在线课程。在前两个阶段，网络学习空间存在学习资源与学习社区成员的社交关系脱节、学习支持服务不足的问题。在此阶段，网络学习空间的教学视频的制作水准大幅度提升，学习内容的知识网络和社区成员的社交网络紧密结合，一些学习空间还提供作业辅导和课程测试。

### （二）智慧网络学习空间的特点

#### 1. 一体化

大学英语智慧教学体系下的网络学习空间主要致力于打造线上线下相融合的一体化学习环境，学生随时随地进入学习空间，既可以完成教师布置的规定任务，又可以自主选择感兴趣的语言学习材料，正式与非正式学习完美融合；现实中的学习教室、网络中的学生社区、教师社区、学校管理部门等实现无缝衔接；教师、学生、家长、管理者以及社会公众将实质性地进入网络学习空间，通过深度互动、高效沟通、有效协同，构建促进每位教育利益相关者智慧成长的一体化教育网络。英语的学习环境不再是一个封闭的空间，学习资源将最大限度地真实化，交流互动的过程也将社会化。

#### 2. 数据化

大数据时代教育数据的价值已经超越了简单的"统计分析"，演变为促进教育变革的科学力量和战略资产。网络学习空间连通了各级各类教育机构以及广大师生、家长、管理者等，是实现教学方式与学习方式变革的重要阵地，国家的大力推进将促使其成为我国教育大数据的重要产生源和集聚地。从"数字化"走向"数据化"是网络学习空间建设的重要方向。随着数据采集技术（点阵数码笔、拍照搜题、可穿戴设备、物联感知、视频监控等）的发展及其在教育领域的普及应用，网络学习空间在运行过程中将持续、实时采集到更细、更全、更优的教育数据。通过一定的数据传递与交换机制，实现各种教育数据在空间平台之间及其应用系统之间的透明流转与融通共享。数据化一方面使得学生学到最需要的语言知识，另一方面使其及时了解自己在学习过程中所出现的问题以及所取得的进步。比如，智能写作系统将学生的作文在全网环境中进行比对，从而给出词汇丰富度、语法、语体或是重复率等不同方面的反馈。教师也可以直观地获得每个学生的各项数据，从而调整教学进度等教学策略。

#### 3. 智能化

人工智能技术发展正在引发大数据分析技术、虚拟现实技术、可穿戴技术的交叉融合，最重要的表征是智能代理的出现，促使原有学习资源环境能够利用智能代理感知外部需求。同时，原有的学习资源环境还借助智能导师、智能学伴等为学习者提供智能化学习服务。数目众多的具有智能化特征的学习资源聚合起来，形成了智能化学习资源环境。科技的发展正在将人类带入智能时代，融合创新阶段网络学习空间的智能化将成为空间平台研发的重点。未来网络学习空间服务平台将在数据化的基础上，利用脑认知与学习科学的研究成果以及人工智能技术，逐步提升机器的学习能力，精准把握每位学习者的学习需求，设计个性化的学习路径，评估诊断知识缺陷，预警学习危机，推送最适合的学习资源。教师能够利用网络空间开展更智能化的备课和作业批改，自动匹配、推送最适合的教研伙伴。管理者能够利用网络空间动态监控教学活动进展，管理各种教育资源。

### 4. 个性化

个性化是信息化学习环境的重要发展方向。人本主义和建构主义均强调激发个体的潜能，促进个体个性化发展。智慧网络学习空间的目标之一是通过技术来实现学生的个性化发展。个性化首先应该是语言学习内容的个性化。大数据分析技术的发展使得在海量资源中挖掘、分析、构建、绘制和显示知识及它们之间的相互联系成为可能，促使不同来源、不同类型、不同结构、相对分散的知识单元通过链接关联成图，并不断扩充，形成知识图谱。知识图谱的建立带来了专题资源、案例库、素材库、网络课程等资源中知识的表征形式变化，通过知识图谱既可以确定知识本身的属性，又可以获取知识与知识之间的关联。知识图谱为用户提供更具广度、深度的知识体系，进而为用户提供个性化的知识服务。其次，个性化体现在服务功能的个性化。网络学习空间的个性化将从功能定制、特色布局等"表现层"的个性化转向真正具备个性化服务能力的"实质层"的个性化转变。传统的"一对多"教育服务供给模式已经无法满足"互联网+"时代教育发展的需要。网络学习空间将为每位学习者提供"一对一"甚至"多对一"的个性化教育服务，通过精准化的资源服务推送、个性化的学习结果诊断以及学习路径引导，高效支持学生开展随时随地的按需学习，让每位学生有更多的"获得感"和"成长感"，实现每位学生全面而有个性的发展。

### 5. 协作化

语言的本质决定语言学习离不开人与人之间的相互合作，心理学家和教育家把这一教学方法称之为"协作学习"（collaborative learning）。协作学习是"学生以小组形式参与，为达到共同的学习目标，在一定的激励机制下最大化个人和他人的习得成果，而合作互助的一切相关行为"。这与人本主义倡导的利用社区、分组和交流进行学习是一致的。知识并不是由个体获取的静态对象，而是通过社会网络中多个学习者持续不断的社会交互与合作进行的积极协同建构。通过技术支持的在线协作学习，尤其是在线协作讨论，学习者能够更大限度地询问问题，清晰地表达想法，彼此交换观点，共享信息，进行意义协商，最终提升学习者的协作学习能力，促进其认知技能和批判性思维的发展。

大学英语智慧教学系统下的网络学习空间在协作化操作方面强调：第一，交流语言的灵活性。每个阶段、每所学校的学生英语水平不一，因此有必要对网络交流语言作出说明。对水平较差的学生可以使用中英文夹杂的形式，对英语基础较好的学生要求尽量全英文交流。第二，教师的领导性。辅导教师在协作学习模式中并非可有可无，因为有辅导教师存在，协作学习的组织、学习者对学习目标的实现效率、协作学习的效果等都可以得到有效控制和保证。辅导教师适度引导，开阔学生的视野，会使学习朝深度和广度方向发展，同时教师规范的语言形式也可在无形之中给学生带来示范。第三，采取适宜的协作模式。协作学习的基本模式主要有七种，分别是竞争、辩论、合作、问题解决、伙伴、设计和角色扮演。有些模式不一定适合线上操作，这样就需要把网络学习空间延展到线下，使线上协作与线下协作相融合。在这种方式下，学生感受到同学之间不再是竞争的对手，而是促进学习的帮助者。协作学习使得学生的学习活动更加生动、活泼和丰富多彩。

## 二、智慧教室

### （一）定义

智慧教室作为一种典型的智慧学习环境，是学校信息化发展到一定阶段的内在诉求，是当今智慧学习时代的选择之一。就智慧教室而言，研究者从不同的角度对其进行了界定和描述。黄荣怀等认为在传感技术、网络技术、富媒体技术及人工智能技术充分发展的信息时代，教室环境应是一种能优化教学内容呈现、便利学习资源获取、促进课堂交互开展，具有情景感知和环境管理功能的新型教室，这种教室被称为智慧教室。陈卫东等认为智能教室就是一个能够方便对教室所装备的视听、计算机、投影、交互白板等声、光、电设备进行控制和操作，有利于师生无缝地接入资源及从事教与学活动，并能适应包括远程教学在内的多种学习方式，以自然的人机交互为特征的，依靠智能空间技术实现的增强型教室。

总之智慧教室是为教学活动提供智慧应用服务的教室空间及软硬件装备的总和，它是在物联网、云计算、大数据等新兴信息技术推动下的教室信息化建设的新形态。

## （二）设计理念

智慧教室的设计遵循"以人为本""以学生为中心"的理念。信息时代的学习本质表现出三个方面的转变：一是学习者在学习过程中的地位由被动转变为主动；二是学习过程由以记忆为主的知识掌握转变为以发现为主的知识建构；三是知识的习得由个人的、机械的记忆转变为社会的、互动的、体验的过程。信息时代的学习环境要适应这些转变，使"以人为本"和"以学生为中心"的理念贯彻于智慧教室的设计之中。如未来课堂就从用户体验的角度体现了以学习者为中心的设计理念，其用户体验包括环境体验、活动体验、情感体验、思考体验和关联体验等五个方面。

## （三）教学模式

应用于智慧教室的教学模式有翻转课堂模式、小组协作型、自主探究型、讲授型、游戏化教学模式、体验式学习模式、虚实结合——远程协同模式等。教学模式的选择不在多与新，而在于是否能够科学地根据人才培养的目标、学科类型、学生接受能力等进行不断调整。教学模式既是影响教学成功的关键，也是影响智慧教室未来发展的关键，每一种教学模式的选择都将对教学效果产生深刻的影响。大学英语作为语言类课程，需要将语言技能体现在教学的众多环节中。每一个环节可能需要采用不同的教学模式。另外，智慧教室的种类多样，每一个服务商提供的产品各有侧重点，选择合适的产品也尤为重要。

智慧是指能迅速、灵活、正确地理解事物和解决问题的能力，它具有个性化、情境化、创造性和动态生成的特点。智慧教学环境设计的根本目的在于促进教师和学生的智慧生成，教师在智慧环境的支持下不断提升和发展自身教学智慧，开启学生智慧之门；学生在教师的指导和智慧学习环境的辅助下，通过学习知识发展自身智慧。因此，智慧教学环境的设计必然要求环境的设计要素以及要素之间的关系要与智慧能力培养和智慧行为生成保持内在一致，通过智能化技术构建智慧教学环境，支持有意义的学习、教学和管理，从而促进智慧的生成。

# 第三节　教学载体

随着信息技术的进步和各种应用的快速普及，以视频为信息传输媒体的微课常态化应用在技术上成为可能。同时，在提倡以"学生为中心"教育理念的时代背景下，移动学习、泛在学习、碎片化学习、翻转课堂等融合互联网精神的学习理念思潮相结合，为微课的广泛传播提供了教育应用的土壤。可以说微课是信息技术发展与教育变革时代相结合的产物，也是技术与教学应用融合的高级阶段。微课是新形势下的学与教资源的新形式、新形态、新生态，具有结构化、可视化、碎片化、非线性等特征。微课已经成为智慧化学习时代的重要载体。无论是网络学习空间还是智慧教室等智慧教学环境都离不开微课，混合式教学需要围绕微课进行目标设定、活动开展和效果评估。各类英语教学和学习微课给英语教学带来了积极的影响。

## 一、微课的定义

"微课"是指按照新课程标准及教学实践要求，以教学视频为主要载体，反映教师在课堂教学过程中针对某个知识点或教学环节而开展的教与学活动的各种教学资源的有机组合。微课的核心内容是课堂教学视频（课例片段），同时还包含与该教学主题相关的教学设计、素材课件、教学反思、练习测试及学生反馈、教师点评等教学支持资源，它们以一定的结构关系和呈现方式共同营造了一个半结构化、主题突出的资源单元应用"生态环境"。因此，微课既有别于传统单一的教学课例、教学课件、教学设计、教学反思等资源类型，又是在其基础上继承和发展起来的一种新型教学资源。

大学英语课程范围内的微课内容主要是教材分析、典型题目精讲、难点点拨、重点归纳、文化背景等，也可以是学习方法传授、教学技术、教学实践经验的知识讲解与展现。微课时长大都在 10 分钟之内，以精湛的微型化课堂教学视频为主要载体，展现的核心内容为教师多维教学信息资源与授课过程的完美融合。

## 二、智慧教学下的微课特点

智慧教学下的大学英语微课应当符合英语学习的规律，适应新时代下自主学习、协作学习和个性化学习的需求，有助于实现知识的显性化、体系化、数字化和主题化的资源混合，实现多个学习模式浑然一体的学习环境混合，实现虚拟的现代网络平台资源共享学习与真实的课堂面授有机结合的学习方式的混合，实现各式各样的学习风格混合等，实现网络学习与课堂面授、同步与异步课程、实时与非实时学习、正式与非正式学习、自主学习与协作学习、讨论学习与分小组合作学习等的有机结合，无缝对接。因此，智慧教学下的大学英语微课应体现以下特点：

### （一）体现"以学生为中心，以学为主"的理念

英语大学微课不应该是生硬地把教学内容录制成视频，不是简单的物理反应，而是需要融合创新的化学反应。微课应体现学习者的地位，确保微课的服务对象准确。因此，教师提供的微课需要遵循"以学生为中心，以学为主"原则，为学生知识与技能的建构提供支持，并不是简单的知识与技能的传递。制作的微课应符合认知规律，传统与现代技术有效融合，摒弃知识传递与理念传送。更需要的是便于学生知识与技能建构的可视化，抽象原理的具体化，过程呈现的形象化。同时，充分考虑学生的认知水平与基础，为学生提供学习节点的基础支撑及进阶学习路径，以方便学生知识与技能节点的连通。对于学生不接受的内容，不提供；对学生通过文字或图片能很快学习的语言知识，不录制成视频。微视频中的任务设置不能形式化，而应该有利于学习者的有效学习、深度学习。

### （二）体现多元性

大学英语微课的设计内容必须满足学习者多元化的需求，促进其能力的全面发展与提升。

首先，多元性是大学英语课程的内在属性要求。大学英语课程是全国范围内大多数高校的公共必修课，受众极广，教学必然要体现多元化的特点。《大学英语教学指南》指出，"我国幅员辽阔，各地区、各高校之间情况差异较大，大学英语教学应贯彻分类指导、因材施教的原则，以适应个性化教学的实际需要"。在多元思想的指导下，《大学英语教学指南》提出了多层次的教学目标，

而且鼓励各高校根据实际校情进行调整。同时大学英语的课程体系也朝多元化方向发展，由通用英语、专门用途英语和跨文化交际组成。各高校应根据学校的类型、层次、生源、办学定位、人才培养目标等，遵循语言教学和学习规律，合理安排相应的教学内容和课时，形成反映本校特色、动态开放、科学合理的大学英语课程体系。

其次，多元性是英语学习者个体特征的体现。学习者的数量、文化层次、教育需求等元素都是不确定的，这就决定了英语微课设计的难度相当大，要考虑学习者的复杂性和多样性，借鉴基于 E-learning 模式平台下的 Cesim 在线模式课程，并且重视微课教学设计的科学规范性、重视教学支持的建设、重视知识主题的细化、完善知识点的量化、重视微课程培训机制的建设、改善微课程资源平台的功能建设、增加微课程有效的评价和激励体系、设计以用户为本的教育理念、构建有效的激励机制，要设计出适合多层次、多需求的多元化内容，知识点针对性强，适合自主性学习，使学生学有所得。

第三，多元性是多样资源和真实学习情境的体现。微课是以课堂教学视频为核心，并"统整"了课堂教学设计（包括教案或学案）、教学素材和课件、教师教学反思、学生反馈评价及学科教师互动点评等多种资源，它们共同构成了一个主题鲜明、类型多样、结构紧凑的"主题单元资源包"，营造了一个与具体教学活动紧密结合、真实情境化的"微教学资源环境"。教师和学生在这种具体的、典型案例化的教与学的情境中能达到"隐性知识""默会知识"等高阶思维能力的培养并实现教学观念、技能、风格的模仿、迁移和提升，从而快速提高教师的课堂教学水平、促进教师的专业成长，也有助提升学生的学习兴趣和学习成绩。所以英语学习微课要尽量呈现出不同环节的内容，微课的来源也不局限于教师专门制作的资源，而是可以来自各行各业。只要有利于学习者的学习，在不违反法律法规、公共安全和道德的前提下，微课也可以来自海内外任何国家和地区。总之，微课要多样化，真实化，营造真实的语言学习氛围，有利于创设真实的交际任务。

另外，围绕大学英语微课的教学目标也应多元化，既要高质量规范化教学，又要根据不同层次学习者的能力制定一套适合其自主学习的多元化学习目标，从而达到培优辅差的效果。学习者按需选择观看课后拓展微课，提高知识的全面性把握，提升整体的教学效果，进而促进英语微课的可持续发展。

### （三）体现互动性

互动具有建构主义、人本主义等理论的特征，是智慧学习的内在属性。"互动性差"一度被诟病为网络学习的一大缺点。然而，随着信息技术的发展，网课的互动性有了很大改观。智慧学习环境下的微课在设计之初就应该将此作为必要原则之一。首先，英语微课增强互动性，创设深度沉浸的语言学习情境。互动性微课根据教学内容和学生的认知发展水平，利用多媒体课件、网上教学资源创设情境，启发学习者对问题的思考。互动性微课使用与真实环境相关的材料进行学习，便于学习者接受与理解。第二，英语微课融入多维度的教学互动。其一，在微课之内，主讲人或呈现人可以适度增加语言对话的互动。比如，在录制微课时可以让两位教师（最好一男一女）配合，以一问一答的形式对知识点进行剖析，将教与学活动互动起来，集中学习者的注意力。其二，微课设置配套练习测试的互动，包括小测试、通关练习和思考题等习题，设置这些交互式练习的目的是帮助学生查缺补漏和巩固知识。学习者必须完成交互练习后才能继续观看微课视频。其三，微课学习过程中增加在线互动。微课是一种在线教学视频，学习者可以通过学习社区、即时通信工具、网站论坛等方式与同伴、教师、专家进行交流互动，分享彼此之间的知识和经验。学习者在观看视频时对重难点随时做在线笔记，微课系统自动保存，利于自我的异时交流；同时学习者及时分享自己的思想，以及对他人的分享给予反馈。第三，互动性微课提供及时的学习诊断与反馈。互动型微课中包含交互式的练习题，这些交互式练习题不仅能帮助学习者检验该知识点是否学会了，而且能帮助学习者强化巩固该知识点内容。基于互动型微课的学习，学生能随时学习、随时得到反馈，满足了学习者的个性化需要。

### （四）体现视听的有效性

大学英语是外语学习类课程，微课中的语言既是教学内容呈现的手段和工具，也是教学内容的一部分。英语微课内容丰富多彩，具有图文并茂、视听合一、人机互动等特点。英语微课不可能全部都是实录型的教学课堂，而是要设计成类似于二维、三维动画的微电影一样，引起学生的兴趣；转变教师角色，教师成为技艺高超的导演，起到导学、助学、评学和促学的作用。在教学内容的设计方面，教师尽可能把教学信息可视化、动态化，充分发挥出视频媒介的视听性优势，合理设计视听信息有机结合的视频模式来呈现教学内容，有利于学习者对知识点的强化记忆，从而使学生学得轻松、愉快。如果是自制微课，要考虑使用语言的难度和语速是否适合学生，字幕呈现的方式要恰到好处。语言的输入遵循"1+1"的原则，既要给学生一定的挑战又不要打击他们的学习积极性。如果是借鉴其他来源的微课，可以利用技术手段做适当处理，如增减语速，添加画面注释等。总之，英语微课要让学生爱看、爱听并易于消化理解。

### （五）体现鲜明的类属性

微课并不只是一个类别，实际上如果按照课堂教学方法来归类，英语微课有多种类别。教学方法是教师和学生为了实现共同的教学目标，完成共同的教学任务，在教学过程中运用的方式与手段的总称。微课依此可以划分为11类，分别为讲授类、问答类、启发类、讨论类、演示类、练习类、实验类、表演类、自主学习类、合作学习类、探究学习类。值得注意的是，一节微课作品一般只对应于某一种微课类型，但也可以同时属于两种或两种以上的微课类型的组合（如提问讲授类、合作探究类等），其分类不是唯一的，应该保留一定的开放性。同时，由于现代教育教学理论的不断发展，教学方法和手段的不断创新，微课类型也不是一成不变的。英语教师首先要明确某一微课是用在教学中的哪一个环节，或者说服务于哪一个教学目标。这样才能给这一微课进行归类，以便最大限度地发挥微课的作用。比如，阅读、翻译等技巧性的内容可能以讲授类为主，更加直接、高效；然而某篇课文的主要大意或写作意图可能并不适合通过讲授来呈现，探究式也许更受学生欢迎。

### （六）体现"减负性"

大学英语课程毕竟不是学生的专业课，占用学生过多的时间和精力而妨碍专业能力的提升不是本课程的初衷。大学英语微课应以减轻认知成本与负担为依归。随着"互联网+"的快速发展，信息技术与教育教学的融合应用广泛深入。微课依托信息技术的支持为学生学习提供服务，具有碎片化、可视化、结构化、非线性等特征，追求的核心价值应该体现在学习成本的降低与减轻认知的负担。如果反而使学生的负担增加，那这样的微课是低效的。同理，微课的制作也应该充分考虑其重构性，在减轻学习成本与认知负担的同时，既减轻教师教学负担，也方便其他教师课堂教学的二次重构，实现资源共建共享。

### （七）体现评价的形成性

"以评促建"是智慧型英语微课的特点。学习者学习微课的各环节应尽可能地通过技术手段被纳入课程评估之中，这是形成性评价的重要内容。学生的微课学习时长、笔记的次数和深度、互动的频率和质量等在智慧学习环境中都能实现数据化。同时，微课还鼓励以校正学习者的学习行为习惯和精神激励为目标的主观评价，可通过学生问答、学习者对微课评价、学习过程和学习效果的分析评价、信息智能与信息伦理道德修养的效果评价来检验。评价还应该包括学习者自评与互评。运用各种信息技术活跃师生关系，实现师生之间、生生之间的双向交流与互动。由此，学生的努力得到认可，英语基础较差的学生可以由此得到激励，自信心得到增强。英语基础较好的学生可以看到自己的不足，以便朝更好的方向发展。

英语微课已经给大学英语教学带来了积极的影响。一方面，微课促进了大学生的英语学习。多姿多彩的微课为学习者提供了直观的多模态体验，一定程度上改变了传统较为呆板的外语课堂授课氛围，激发了学生的学习积极性。微课不受时空限制，短小精悍，只要有网络，就可以享受随时随地的英语学习乐趣。微课的可重复播放使得学生可以利用网络对微课内容反复播放，重复学习，加深对英语学习的理解和英语语言文化的感悟。另一方面，微课促进教师教学能力的提高，增强了教学效果。对于大学英语教师来说，微课视频的准备过程，也是教师对所教内容的再思考过程，有利于教师更灵活地把握教授内容，对授课内容进行有机整合，有利于教学环节的组织。教师在微课制作过程中，会有意识地规避平时教学过程中出现的失误，并将教学过程中出现的知识点漏洞补足，提高教学水平。同时教师的信息素养也会得到极大提升。

# 第四节　教学模式

教学模式是为特定教学目标而设计的具有规定性的教学策略，是一种结构；是某种方案经过多次实践的检验和提炼，形成相对稳定、系统的和理论优化的教学结构。乔伊斯和韦尔在《教学模式》一书中认为："教学模式是构成课程和作业、选择教材、提示教师活动的一种范式或计划。"教学模式是一定的教学理论或教学思想的反映。

翻转课堂教学模式是完成大学英语智慧教学目标的有效途径。《大学英语教学指南》指出，大学英语的总体教学目标是"培养学生的英语应用能力，增强跨文化交际意识和交际能力，同时发展自主学习能力，提高综合文化素养，使他们在学习、生活、社会交往和未来工作中能够有效地使用英语，满足国家、社会、学校和个人发展的需要"。这一目标可以理解为两个方面，一是大学英语要提升英语语言能力，包括语言知识、语言技能、语言运用，这是认知的范围；另一方面大学英语要培养人文素养，激发学生的智慧，培养创造性思维、价值观、道德观等，提高学生的自我学习能力，为终身学习创造条件。大学英语教学必须满足时代发展的需要，为提高高等教育的整体教学质量，培养智慧型创新人才贡献力量。下面我们从翻转课堂的各个环节探讨它为什么可以成为完成大学英语课程目标的有效教学模式。

## 一、翻转课堂的定义

翻转课堂（Flipped Classroom）又称反转课堂或颠倒课堂，是指在信息化环境中，教育者借助计算机和网络技术，利用视频把知识传授放在教室外，学生在上课前完成对教学视频等学习资源课的观看和学习。师生在课堂上一起完成作业答疑、协作探究和互动交流等活动的一种新型的教学方式。这一模式把传统的教学中课堂上进行知识传授、课后进行知识内化的阶段颠倒过来，学生在课前通过观看教师提前录制的微视频，学习新的知识和概念，并完成预习作业；在课堂上，教师引导学生通过自主探究、小组合作等方式，完成知识的深度理解和应用。英国北安普顿大学的 Rob Farmer 将翻转课堂的学习行为提炼为课前（听、阅读、讨论、考试、思考、观看、准备、提问）、课中（分析、应用、发现、讨论、实验、阐明、解释、领会）、课后（评估、讨论、总结、综合、强化、评价、规划、反思）等三个阶段的 24 种行为。

翻转课堂的基本理念最早由西点军校的西尔韦纳斯·萨耶尔在 19 世纪早期提出，实际创始人为萨尔曼·可汗，他将讲解数学课程的过程录制成教学视频，建立了非营利性的在线可汗学院，上传视频以供国内外广大师生学习和借鉴，这为翻转课堂的实践部分建立了雏形。

翻转课堂正式起源于美国。2000 年，美国 Maureen Lage、 Glenn Platt 和 Michael Treglia 在论文 "Inverting the Classroom: A Gateway to Creating an Inclusive Learning Environment" 中介绍了他们在美国迈阿密大学教授"经济学入门"时采用"翻转教学"的模式，以及取得的成绩。但是他们并没有提出"翻转课堂式"或"翻转教学"的名词。2007 年春，由于天气或路途遥远等原因，美国科罗拉多州落基山林地公园高中有许多学生没能按时到校上课，学习受到很大影响。该校两位化学教师乔纳森·伯尔曼和亚伦·萨姆斯使用录屏软件将上课过程录制成视频并上传到网络，学生因此不用到校就可进行课程学习。他们采用了真正意义上的"翻转课堂式"教学模式，并推动这个模式在美国中小学教育中的使用。之后，美国教育技术专家 Jeremy Straye 通过实验组和对照组的对比，证明了翻转课堂对协作能力、创新能力的培养都具有显著影响。

近年来翻转课堂在中国引起了广泛的关注和研究，翻转课堂的诸多优势得到了人们的认可。例如，在翻转课堂中，信息技术和活动学习为学习者构建出个性化协作式的学习环境，有助于形成新型的学习文化；在成人高校的商务英语写作中采用翻转课堂模式，不仅可以提高学生的英语写作能力，缓解成人高校普遍存在的工—学—家矛盾，同时有利于营造自主与合作统一的学生文化，有利于创建新型教师文化；翻转课堂教学模式在实验教学中的应用可以改变传统实验教学中教师讲、学生听、简单练的教学形式，能有效地提高学生的学习积极性以及学习效率，更能提升学生自主学习、实验反思、解决问题的能力。翻转课堂教学模式的内涵型特征以及其背后的理论依托注定使其成为大学英语智慧教学的主要教学模式。

## 二、翻转课堂的特征

### （一）教学理念的翻转

从"以教师为中心"翻转为"以学生为中心"，从强调知识的传授翻转为强调学生的发展，从教教材翻转为用教材，从注重学习结果翻转为注重学习过程，从以教定学翻转为以学定教。教始终围绕学来开展，翻转课堂能真正做到以学生为中心，做到因材施教。

### （二）角色的翻转

在翻转课堂教学模式下，更多地强调自主学习、合作学习、探究学习，教师重在帮助学生解决学习中存在的问题，引导学生运用知识。教师由单纯的知识传授者逐渐转变为学生学习资源的提供者，学生学习的引导者、合作者和组织者，教学的反思者和研究者以及策略的培训者；学生由被动听讲者转变为主动学习者、问题提出者和解决者，成为学习的主角。

传统课堂以教师讲授为主，忽略了学生之间的差异，漠视了学生的个性需求；学生课堂活动整体或部分缺失，在一定程度上抑制了学生质疑、批判、探究和创造能力的发展。而翻转课堂让学生自己掌控自己的学习：学生在课前观看微视频时，能够根据自己的需要来安排和控制学习的进度，可以随时停下来思考，可以在智慧网络学习空间进行交流，也可以通过各种聊天软件在线询问教师或与同学讨论；他们在课中通过小组讨论、协作互助等活动完成知识的建构。学生学习上的自我管理意识大大加强，真正变成了学习上的主体。

### （三）教学过程的翻转

翻转课堂教学的实质是任课教师在基于授课内容的基础上，将课程的重点、难点和部分新知识融合，创建相关教学视频；学生利用课下时间预先通过观看教学视频自主学习新的课程，实现其知识传递的过程；随后，学生应根据教学视频自主完成在线测试，进而对新知识进行吸收内化，之后再带着学习过程中的疑问去课堂上参与师生、生生之间的互动交流、合作、共享与讨论，实现其对新知识的完全理解和熟练掌握，从而完成学习的过程。也就是说，在翻转课堂模式之下，学习模式发生了彻底的颠覆：从"先教后学"变成了"先学后教"。在课前的学习中，学生根据自身的学习情况自主选择观看视频的时间，自行调节观看视频的进度和速度。学习完视频教学内容后，学生自主学习，自主探究，发现问题，分析问题，解决问题。对于自身无法解决的难题，学生可以与同学讨论或者在教师的点拨下，找出解决问题的方法。鉴于此，可以说翻转课堂教学模式是一种以"学生为中心"的教学模式，有利于培养学生学习的积极性和主动性，形成自主学习、合作学习和探究性学习的精神。

### （四）评价方式的翻转

学生通过学习平台进行网上学习后，学习平台通过在线检测系统自动地把数据收集起来，教师通过对数据的观察与分析，了解学生的学习情况，明确学生还没掌握的知识与技能，并在课堂讨论交流时重点讲解答疑。在学期期末，学习平台通过收集的数据为形成性评估提供详尽的数据支持，并按照规定的形成性评估与终结性评估比例计算学生的最终学习成绩。

## 三、翻转课堂的理论依据以及与大学英语智慧的内在联系

翻转课堂教学模式有着多重理论支撑，其中的很多要义与大学英语的学习规律或教学规律相契合，使得该模式成为实施大学英语智慧教学的天然选择。

## （一）建构主义

建构主义模式的要旨是：知识是由自己建构的，而不是由他人传递的；但这种建构发生在与他人交往的环境中，是社会互动的结果。建构主义学习理论教学观认为，教学不能无视学生已有的知识经验，应把学生已有的知识经验作为新的知识生长点，引导学生从已经具备的知识经验中"生长"出新的知识经验。教学不是简单的知识传递过程，而是知识的处理和转换过程。建构主义学习理论强调学习者在学习过程中的主动建构性，认为学习过程不是知识由教师向学生的单向传递，而是学生在自己原有的知识经验基础上主动建构的新的知识经验的过程。由于不同学生有着不同的知识经验，因此社会性和协作性在学习中起着重要作用。不同学生可以就某一个问题形成不同的假设，通过相互协作的方式，如交流、讨论或争论，共同完成任务，更好地达到知识内化的目标。它要求教师从知识的传授者转变为学生建构意义的帮助者和指导者；要求学生通过与同伴协作，使用探索法、发现法等方法去建构意义，并将新旧知识经验联系起来加以思考。

翻转课堂教学模式确立了学生、教师、任务、环境四个方面的多种因素对学习过程的影响，而处在中心位置的当然是知识建构的主体——学生。四个方面是相互联系和相互作用的，特别注重学习者的全面发展。除认知发展外，还有以元认知为特征的学习能力的发展、积极的自我概念和个性品质的发展。翻转课堂有别于传统课堂正是由于它把学习的主动权还给了学生。翻转课堂中学习的过程是学生自己建构知识的过程，不是在传统课堂上的追赶或等待老师（传统课堂老师总要照顾大多数的同学，而致"头尾不顾"），学生先通过视频获取自己需要知道的基本知识，在深化理解的过程中产生的疑惑可通过软件，或者在课堂上与同学、老师的交流互动中得到解决。

英语的学习强调主动式学习，因为语言水平的提高不是通过他人授予的，而是在学习环境中通过不断地互动习得的，包括自我互动，与同伴的互动，与教师的互动，与社会其他人员的互动，与智能学习工具的互动，甚至与语言材料的互动，等等。主动建构是英语学习的必要条件。

建构主义所提倡的理想的学习环境包括"情境""协作""交流"和"意义建构"四个部分。而这些正好是英语学习中所应遵循的规律。英语学习需要真实的语境、多方的协作，达到有效交流，最终提高语言的应用水平。现代信息技术的媒介——图、文、声、像的多媒体为学生构建了立体的语言学习和交流环境。作为教学新模式的翻转课堂能创造接近真实的交流情境，突出学生的主体性和学生间的协作性，满足大学英语跨文化交流的课程需要。比如，大学英语翻转课堂的通常做法是教师给学生布置某一任务，学生以小组为单位进行分工协作，课前在互联网上筛选整理信息、制作幻灯片，课堂上向师生做汇报展示，分享创新性的认识，激发师生的讨论和思考。在课堂展示环节中，其他学生作为观众也参与到活动中，接受汇报同学和教师的提问；另一方面，做汇报的学生也要接受教师和其他学生的提问和评价。在任务型教学过程中，教师对学生做出形成性评价，学生进行自我评价和同伴互评。

翻转英语课堂的一个优势是能够将课堂的某些部分移出教室，放到网络学习平台上。它让学生有更多的时间用目标语言进行有意义的互动，同时教师也在现场提供必要的反馈。这在教室外通常不讲英语的情况下尤其有用，而且有必要最大限度地增加学生在课堂上用英语交谈的时间。

最近发展区理论是建构主义的重要组成部分，对于翻转课堂的实施也具有指导性。翻转课堂模式下，课前教师通过发布视频等方式，对基本简单的知识进行讲解，课堂教学的重点则落在深化、扩展与创新上。扩展与创新的程度在学生自主学习掌握基础知识之上的最近发展区内，这有助于保持学生的探究兴趣，促进学生综合能力与知识的发展。

大学英语教学同样符合最近发展区理论。就语言学习材料的难度而言，教师始终需要保持警醒，无论是书面材料还是课堂口头语言，难度要适宜，不能让学生望而生畏，要使学生有信心和保持兴趣。大学英语教学还需要在完成语言基础训练的同时设置高阶任务，培养学生的思维品质、情感能力等。当然这些任务需要保持在最近发展区之内。翻转课堂教学模式可以将基础的、单纯知识性的任务放在课前完成，课堂主要集中精力进行高阶任务的深入探讨。所以翻转课堂将课内训练与课外训练完美结合起来。可见翻转课堂是大学英语智慧教学的必然选择。

## （二）有效教学理论

有效教学既是人们的长时期追求，也是一种全新的教学理念。有效教学是师生遵循教学活动的客观规律，以最优的速度、效益和效率促进学生在知识与技能、过程与方法、情感态度与价值观"三维目标"上获得整合、协调、可持续的进步和发展，从而有效地实现预期的教学目标，满足社会和个人的教育价值需求而组织实施的教学活动。有效教学的理念源于20世纪上半叶西方的教学科学化运动，特别是在受美国实用主义哲学和心理学影响下的教学效能核定运动以后，这一概念频繁地出现在英语教育文献中。20 世纪 60 年代以来，有效教学研究不断得以丰富和发展。有效教学实质上是通过一系列的教育活动，使学生学习达到预期的最佳效果。关于有效教学研究的基本框架，英国教育家基里亚库在《学校有效教学》一书中提出了由环境变量、过程变量和结果变量构成的基本框架。美国高等教育协会支持的一项研究发现，本科生有效教学的七项原则是鼓励师生互动、鼓励学生之间合作、鼓励主动学习、提供及时反馈、强调时间投入、对学生寄予高期望、尊重学生差异和不同的学习方式。这七项原则成为高等教育界一个广为传播的有效教学研究框架。翻转课堂是在有效的教学理论的指导下致力于促进学生多方面的学习进步和发展，关注学生学习成果的。

大学英语教学长期以来存在费时低效的问题。一方面，教师往往搜集了大量的教学材料，自我感觉准备充分，却发现课堂上学生毫无回应，教学效果极差，教师无法获得成就感。另一方面，学生也花费大量时间、精力、财力投入到大学英语学习中，他们购买大量的学习材料，努力记忆单词，却收效甚微。造成这种现象的原因多种多样，其中可能包括教师过于强调教师的权威地位，缺乏对学生个体的关注，所以选取的教学内容并不是学生关注的或无法体验的，是无效的材料；丢失了学情的考量，很容易导致教学环境令人紧张或不适，不利于学生训练语言任务，是无效的环境；差异性的教学环节设计缺失，令英语水平高的"吃不饱"，英语水平低的学生跟不上，是无效的设计；而评价方式往往采取单一的终结性评价（考试）来检测学生的学习情况，无法看到学生的成长过程，不利于学生的个性发展和综合素养的提高。

翻转课堂可以帮助教师适应不同的学习方式，促进有效教学。一些学生是视觉学习者，他们需要看到书面形式和图片形式的单词；一些是听觉型的，更喜欢听语言；有些是动觉型的，需要通过课程导航、匹配、重新排列等方式与语言进行互动；有些学生是分析型的，想要看到规则和例子，这样的例子不胜枚举。翻转课堂借鉴微课以及其他的技术手段，使学习材料呈现出文本、图像、音频等不同的形式，便于教师与学生间展开有意义的交流。

翻转课堂可以帮助学生有效学习。学生可以随心所欲地玩、暂停和重复课程，这在真实的课堂环境中显然是不可能的。这使他们能够按照自己的节奏学习材料，最大限度地吸收材料，同时也培养了学习者的自主性。

所以，有效教学是大学英语智慧教学的追求，翻转课堂的教学模式是这一过程中的重要手段。

## 四、导学案——实施翻转课堂的有效途径

### （一）导学案含义

翻转课堂的导学案是教师根据教学大纲进行集体备课，在深入研究教材内容的基础上，编制出引导学生自主学习微课内容、探究微课和教材内容，进行思考、提出问题的学习方案。学生以导学案作为导航，带着学习中没有解决的问题到课堂上来。导学案代替教师在课堂上发挥"导"的作用，以学生的"学"作为中心，为贯彻以学生为主体、教师为主导的翻转课堂提供了现实的途径。教师利用导学案能为学生设计具体的学习路径和活动指南，搭建引导学生进行深度学习的学习支架，充分发挥导学案的学习动力激发、学习路径引导、学习问题发现、学习活动调控、学习效果评价和学习数据记录等功能。导学案倡导自学、小组合作的学习方式，突出强调了学生的"自主、合作、探究"的学习理念，遵循主体间性、民主性、开放性、发展性、指导性、创新性、探究性、激励性、活动性原则。

翻转课堂的导学案应具有"对课前自主学习的引导""在自主学习的基础上，对学生提出问题进行引导""为学生提供更灵活的学习方式"的功能。合理的导学案一方面可以帮助学生进行有体系的学习。利用导学案向学生展示知识间的逻辑结构和认知历程，既能实现学生认知结构的完整，又能实现教学内容逻辑结构的完整。另一方面，导学案可以增强教师对翻转课堂教学过程的调控。导学案使教师的指导贯穿了翻转课堂实施的全过程，为翻转课堂教学提供了促进学生深度学习的引导、激励和调控等保障性机制。在保持翻转课堂"先学后教、以学定教"的基本属性的前提下，恢复甚至加强教师对翻转课堂教学过程的调控，能有效避免学生对知识的理解出现大的偏差，使教学更加有序、合理和高效。

### （二）翻转课堂下导学案的构成要素

1.学习目标区

翻转课堂下的导学案是以教学目标为导向的，所以最核心的要素是设定学习目标。大学英语的课程目标可以分为知识、技能和情感，知识和技能属于认知范畴，因此，课程目标是知情合一。布鲁姆将认知领域的目标分为识记、理解、

运用、分析、综合和评价六个层次，六个层次由低到高排列。在翻转课堂学习模式中，因为导学案，学生通过课前、课中、课后的学习，逐步达到更高级的目标。在这个总目标的指导下，学习知识、掌握方法和情感能力培养相结合。学习目标还应该详细分析学情，以及课本、微课等资源，同时明晰学习的重点和难点。目标应具体，不能过于笼统，如"提高英语阅读能力"就太过宽泛，"通过寻找关键词提高英语阅读中的略读能力"则具体明确。

2. 任务区

在制定了清晰的学习目标，并对如何评价学习目标进行考虑后，接下来应考虑如何安排与学习目标相匹配的学习活动了。任务要清晰有条理，任务与目标对应，不能让学生学习没有目的。只有匹配准确才能起到"导航"的作用。

3. 笔记区

导学案上预留专门的区域给学生做笔记。笔记区分成两部分，一个部分是记录学生学习过程中的要点，另外一个部分是记录学生的质疑，鼓励学生多思考、多提问，逐步培养批判性思维等高阶思维能力。这种方式体现了学习的过程性和交互性。

4. 反思自评区

学生在完成学习任务后，认真思考学到了什么，自己缺乏什么，如何提高自己，等等。给自己一个客观的评价。翻转课堂的同伴互评和教师评价在智慧教学平台上有体现，而且在线下课堂中，教师设计了小测试和提问来检测学生的学习情况，所以在导学案中可以不用设计它们。

### （三）导学案编写应注意的问题

1. 导学案应该是多元的，向学习者展示多个学习途径。在导学案中，我们应该提供其他可供选择的学习方法，通过视频学习、课本学习、网络学习搜寻出学习相关的信息。允许学生选择学习的方式会为他们带来巨大的动力，让学生意识到学习是他们自己的责任。教会学生这个人生道理比我们的具体教学内容的学习更为重要。

2. 导学案应该是建立在人本主义的基础上，充分考虑学生主体性来编写的。人本主义教学理念注重学生的主体地位，学生的自主除了体现在自主探究问题获得知识之外，还体现在自主选择达到目标的方式，因此，导学案不能设定得过于死板，因为翻转课堂模式旨在在学习的时间、方式上给学生更多自由、更多自主，否则就失去了翻转课堂的意义。

# 第十一章 新时代背景下智慧教学体系下学生能力培养

## 第一节 英语语言能力培养

### 一、理论指导

现代外语教学理论认为，语言学习过程是输入（阅读、视听）→吸收（加工、记忆）→输出（说、写、译）的过程。"输入"是语言学习的前提条件，其作用主要是为第二阶段的加工提供材料。"吸收"即学习者以分析、形式匹配和综合等方式对输入的语言材料进行加工，并把它融入已有的相关的认知结构中，使其成为其中的有机部分。"输出"即学习者在这一阶段尝试运用已加工过的语言材料，并根据内、外的反馈修正言语的运用，使其符合目标语的规范。学习者的言语运用能力在输入、加工和输出的每一次循环过程中逐步得到提升。输入与输出及其之间的关系一直是二语习得研究的核心问题，对这一问题的解释最具广泛影响的是输入假设、输出假设和互动假设。

Krashen 认为在语言的习得过程中，教师应为学生提供足够的、可理解的语言输入（Comprehensible Input）。这些语言输入应该为学习者所理解或者适合学习者的水平，既不能太难，也不能太易，应该稍高于学习者当前的语言水平，学习者可以通过上下文的线索，通过运用已掌握的语言知识对语言材料进行理解。

对于 Krashen 提出的可理解输入假说理论，Swain 认为可理解输出的作用是提供检测真实语言交流的机会以及在上下文中的检索，是二语习得的必要条件。Swain 之后提出输出假说（Output Hypothesis），认为语言输出在语言习得过程中也有着显著作用，要给予学生在课堂中足够的机会去练习使用所学语言。语言输入对语言习得很重要，但它还不能使二语学习者准确而又流利地使用语言；成功的二语学习既需要接触大量的可理解性输入又需要产出可理解性输出。语言的输出或产出同样有助于增进语言的习得。"可理解性语言输出"对学习者达到更高的语言水平及应用语言的能力是必不可少的。语言输出能帮助学习者发现他们想要表达的语言与实际能够表达的语言之间存在的差距。输出的作用体现在"注意"功能、"反思或元语言功能"和"假设验证功能"三方面。第一，通常对语言差距的注意可以通过对话者（如教师、同伴或听话者）的反馈获得，也可以在说话者无法找到合适的目标语表达形式（如词语、语法结构）来表达想说的意思时获得。不管以何种途径，对语言的注意能经常激活学习者内在的与二语习得有关的认知过程。第二，对语言的注意能够帮助学习者积极反思已经掌握的有关目标语的知识，并有意识地解决中介语中存在的问题，并且输出可以使学习者更多地参与句法认知处理，而不是仅仅参与理解所需的语义认知处理，从而提高学习者语法或句法上的准确性。第三，语言输出可以给学习者提供一个验证平台。当他在语言产出时遇到困难，就会运用其母语或二语的交际能力和认知机制对目标语不断作出假设并对此假设不断检验和修改。这一过程可提供给学习者一个尝试新规则并加以修正的机会。

互动假设（Interaction Hypothesis）强调可理解性输入是第二语言习得的必要条件。当学习者就意义进行协商时，可理解输入的有效性会大大提高。学习者通过互动或意义协商，有意识地注意到自己的语言输出与目标语言的差距，并在得到反馈的基础上调整语言输入和改进语言输出。在这个输入、互动、反馈与输出构成的系统中，学习者的注意过程被作为语言交际与习得之间的中介机制而得到充分重视。

我国学者文秋芳在前人基础上提出了"产出导向法"，其中包含了三种教学假设："输出驱动假设（Output-driven Hypothesis）""输入促成假设（Input-enabled Hypothesis）"和"选择性学习假设（Selective Learning Hypothesis）""输出驱动假设"主张产出既是语言学习的驱动力，又是语言学习的目标。产出比输入性学习更能激发学生的学习欲望和学习热情，更能够取得好的学习效果。教学中以产出任务作为教学起点，学生尝试性完成产出任务后，一方面能够意识到产出任务对提高文化素养、完成学业和改进未来工作的交际价值，另一方面能够认识到自己语言能力的不足，增强学习的紧迫感。"输入促成假设"提出，在输出驱动的条件下，适时提供能够促成产出的恰当输入与不提供相比，前者能够取得更好的学习效果。"选择性学习"指的是根据产出需要，从输入材料中挑选出有用的部分进行深度加工、练习和记忆。该假设认为选择性学习比非选择性学习更能优化学习效果。

这些假设旨在揭示语言学习的基本规律，为大学英语教学和学习提供有益的理论指导。在智慧教学环境下，高校英语教学团队不断尝试，努力将输入输出进行有机融合，以获得最佳学习效果，基本训练步骤如下：

## 二、输入输出训练步骤

### （一）明确输出任务

教师在单元开始前告知本单元需要完成的输出总任务，输出形式可以是写作，也可以是口头汇报。总任务与单元主题紧密相关，并体现出单元主要目标。这一阶段是让学生对学习目标有个清晰的整体认知，并认识到自己与完成任务之间的差距，对学习产生兴趣和饥饿感。

### （二）输入材料学习

教师将总任务分解成具体的、可操作的小任务，每一个任务对应一个子目标。这些小任务即是明确学生学习某个具体的微课、阅读哪些文字、查阅哪方面的资料等等。语言知识、语言技能、文化等材料要经过精心准备，成为有意义的输入性资源。学生在课外通过教学平台自主学习，并随时在线与同学和教师保持交流，初步熟悉这些学习材料。

### （三）课堂强化

教师在见面课上采取各种方式帮助学生进行知识的强化巩固，为输出做好准备。常见的形式有：教师对重点知识进行梳理，对学生在平台上提出的共性问题进行解答，利用平台开展课堂小测试并及时反馈等。通过线上互动以及线下课堂面对面的互动，学生对语言知识有了更深入的了解。

### （四）完成输出任务与评价

学生在语言输入的基础上，经过内化学习后，开始实施输出任务。实施的过程也是意义建构的主动过程，学生根据任务需要和自己的目的进行个性化设计。有些任务需要小组合作完成，有些项目需要个体的认真研究、思考。学生完成所有的准备工作后开始自主演练，然后按照教师的要求进行最终的呈现。呈现的形式是多样化的，如面授课堂上的小组成果展示、演讲、辩论、角色扮演等等，也可以是网络教学平台上的讨论、自制微电影等等。输出是一个综合的过程，既训练语言综合运用能力，又培养情感能力。

在完成输出任务后，教师组织任务评价。评价既有自我反思，也有同伴互评，当然还必须有教师评价。评价使学生及时得到反馈，学生会因为自己的作品得到认可而备受鼓舞，同时也明白自己需要改进的地方。

## 三、案例展示

下面以《新视野大学英语1（第三版）》第二单元为例来阐述输入输出训练过程。

### （一）明确目标

本单元的主题是父母和子女之间的关系，其中的一个主要目标是学会用英语表达父母子女间的情感。在学习课文之前设置情形进行系列提问："来到大学，进入一个全新的环境，没有了父母的照料和嘱咐，所有的事情都需自己决定、自己处理。你能猜想一下父母在你离家时的心情吗？他们对你有什么样的期待？你对父母有着什么样的感情？你想对他们说什么？"学生可以选择一个问题分享，也可针对所有问题分享。在这一活动中，学生的反应大多只能列举一些比较抽象的词，如 sad、anxious、miss 等，抑或不知道怎么组织句子结构。学生想要表达的内容其实很丰富，但是语言知识的欠缺使他们无法表达出来。通过这些简单的导入让学生明白他们需要什么，产生学习动机。

输出任务是学生要完成的项目，即通过小组合作的方式调查父母对子女的看法，并进行分析、评价，然后将结果在全班进行报告。教师应帮助学生了解任务成果的组成要素。1.报告要说明调查目的。每个小组围绕主题可以设定不同的研究目的。2.介绍调查对象的基本情况，如受访人数、男女比、地域等等。3.调查问题说明，可以使用教师提供的问题，如："how did you feel when I left for college？""What do you know about my hobbies？""What do you expect me to do in return for your love？""Do you think I am independent enough？""What are your expectations of me？"也可自行设计问题。4.对比分析父母的答案，找出异同点。5.从子女的视角对父母的答案作评价。

## （二）学习语言材料

对照导学单上的目标与任务，逐一学习语言素材，开展有意义的输入。学习语言目标中的词语、短语、句子结构和篇章结构，对应的材料是 U 校园课文理解和语言点的学习，以及智慧教学云平台中的"Mess cleaning and attitude-changing""Clutter and return""Metaphor makes your words powerful"和"How to give a vivid description？"四个微课，并完成单元在线测试。这些内容的学习使学生熟悉了情感表达的丰富语言知识，同时学习如何使用的技巧。除此之外，鼓励学生学习 B 课文以及搜索网络资源，有意识地积累更多的语言材料，这属于选择性输入内容。

为了拓展调查中的采访思路，调动情感，为分析做铺垫，让学生学习与单元主题相关的文化、情感类微课。微课"Where do your old clothes go？"透视父母保留儿女的旧衣服这一举动中包含的浓浓关爱以及子女长大成人后背井离乡给父母带来的情感波动。微课"Bond with your family"讲述的内容是子女成年即意味着离家独立到不同的城市打拼，在忙碌的工作之余，不忘牵挂父母，常回家探望是子女的本分。这部分内容从情感角度阐述子女常回家探望父母的必要性。"Chinese parents and American parents"从文化角度讲述中美父母之间的差异。"Do you still write cards？"讲述重要节日里，人们通过写卡片的方式表达祝福的文化以及当代人们用短信等方式代替卡片寄语带来的思考。

## （三）课堂强化

线上互动强化。一个是学生的自由提问，自由回答。学生针对课文不理解的地方进行的问答，本身体现的是一个思考、输出的过程，锻炼了表达能力。另一个是教师提问，学生回答。教师针对微课内容或课文内容开展讨论，如"If you were the daughter，what would you feel when you read the article？""What is the ideal relationship between parents and children？"等。在线互动较之于传统课堂互动的优势之一是，每一个学生的回应都可以被教师看到，他们的思维和语言切切实实地得到训练。反观传统课堂上，教师很难让每一个学生都有机会发言，学生的积极性受阻。表达能力强的同学可能会进一步增强自身能力，而表达能力本来就弱的学生因为无处发声，也担心出现错误就越来越不愿意表达。总之，智慧教学环境中的语言强化环节尤其强调互动的作用，在互动输出的过程中逐步习得语言。

线下课堂强化主要分成三个部分。第一，课堂小测试。利用教学平台对生单词进行检测，测试时长 5 分钟，学生快速作答，测试结束后马上给出反馈。小测试的目的是敦促学生在课前记忆生单词。第二，教师进行重难点梳理。由于课堂时间有限，教师必须聚焦最需要的学习点。本单元 A 课文的特点是通过生动的语言表达母亲丰富的情感。母亲对女儿成年后离家这一自然而然的事产生了多重的情感变化，开心与担忧并存，自豪与烦恼同在，从迫不及待要清理女儿的房间到一件一件把物件复归原位，最后释然，坦然看待女儿的成长过程。教师的梳理和点拨重在分析作者的用词是如何体现诸多的对比的，从而达到感情的高潮。无论是具体的词汇、修辞技巧，还是"对比"和"问题—解决"的写作结构都是完成最终输出项目所需要的。第三，教师对学生在平台上提出的共性问题进行解答，帮助学生获得更深层次的理解和感悟。例如，多位同学针对课文第 8 段 "I am a plague of locusts emptying the closet." 提问："What does 'a plague of locusts' imply？"学生不能完全体会这一隐喻用法的具体内容，只是停留在字面理解"母亲就像蝗虫一样清空衣柜"。实际上这一隐喻也可以从情感的角度阐释。"蝗虫"所蚕食的往往是珍贵的东西，如人类赖以生存的粮食，所以被人厌恶。这个隐喻一方面表现了作者急不可待要清理衣柜；另一方面，它的言外之意是，衣柜里的东西是女儿所喜爱的，如若真的扔掉这些东西，母女之间必然爆发一场"战争"，这是作者已经意识到的。母女之间的关系生动地展现在读者面前。

### (四) 展示成果

学生以小组为单位上台展示调查结果。有些小组是选派一人主讲，有些小组是组员轮流讲解，使用 PPT 作为辅助工具是主流选择。从完成度来看，大多数小组基本按此前培训的步骤来执行，运用了教材中的语言。从报告的内容来看，在目的设定上，大家趋于一致，都是为了促进父母子女之间的交流和理解。不过在对比分析不同父母的观点时，学生的发现体现了他们的思考。例如，某小组提出"农村地区的家长更多期待子女在大学磨炼专业技能，城市的父母很多关注到了孩子的个性发展与心理健康"。虽然他们的样本不多，论证过程不够严密，但是其思考方式是值得鼓励的。

在评价方面，小组评价与教师评价结合。每个小组都给其他展示小组评分，并可以指出他们的优缺点。所有小组的分数汇总得出平均分。可以看到，小组评价时给出的建议往往是关于语言组织方面。教师也给展示小组评分，最重要的是分析他们的突出优点和需要改进之处。教师的评价除了针对语言本身，还需关注思维层面和价值观、道德观等情感层面。计分以百分制进行，小组评分占40%，教师评分占60%。评分标准不必太过详细，以激励思想为主。学生的语言能力是在逐步磨炼中得到提高的，无法一蹴而就。因此，对他们的语言错误要有一定的容忍度。

总之，大学英语教学首先还是要关注语言教学本身，将课堂内外的活动结合起来，培养学生的语言运用能力。要充分利用信息技术带来的红利，一方面提供多样的、满足个性需求的材料，为语言输入创造条件；另一方面创设自然、舒适的线上线下输出环境，增加学生的交际机会。

# 第二节　学生自主学习能力培养

发展自主学习能力是大学英语课程的重要目标，也是实践终身学习理念的必要条件。智慧教学体系下的教学过程也是培养学生自主学习能力的过程。

## 一、自主学习和自主学习能力

Pintrich 将自主学习描述为一种积极的、建设性的学习过程，学习者为自己的学习设定目标，然后试图监控、调节和控制自己的认知、动机和行为，并受其目标和环境的语境特征的指导和约束。在这个定义中包含多个元素。首先，它强调主体的积极性，学生积极参与，学习意愿明确。第二，目标导向，即学习者对自己的学习行为有着明确的目标。第三，调控认知，是指运用一系列的学习策略来促进学习。第四个因素与自主学习环境有关。良好的学习环境可以刺激学习，如安静、有序的空间，而糟糕的环境可以阻碍学习，如混乱嘈杂的房间。第五，学生动机，学生必须有动机去接受这种紧张的学习形式。自主学习中学习者要对他们的学习负责，能够在"自我认识"的基础上确定学习目标，做出计划方案，并选择合适的方法和策略完成学习任务，能监控和评价自己的学习过程，在评价和反思的基础上找出学习过程中的问题，做出调整，促进进一步的学习。

Holec 认为，从学习者角度看，具备自主性学习能力意味着获得确定学习的目标、内容、材料和方法，确定学习的时间、地点和进度，以及对学习进行评估的能力。徐锦芬等在这一定义的基础上，认真研读并参考大量国外相关文献，结合我国英语教学特点，提出在我国英语教学环境下大学生自主性英语学习能力应该涵盖五方面内容：1. 了解教师的教学目的与要求；2. 确立学习目标与制订学习计划；3. 有效使用学习策略；4. 监控学习策略的使用情况；5. 监控与评估英语学习过程。这五个方面全面反映了自主学习能力的内涵，下面我们从这些角度来分析，在大学英语智慧教学中应如何培养学生的自主学习能力。

## 二、培养自主学习的途径

### （一）引导学生确立学习目标、制订学习计划

首先，教师在学期初结合教学的总体要求和教学任务对课程进行系统的描述，为学生配置大学英语教学大纲，使学生在一开始就了解到本课程要达到的终极目标，从而设定符合自身情况的长期目标。然后，教师要在尊重学生英语水平和学习能力差异的基础上，引导学生根据自己的能力和教学大纲中每个阶段对听、说、读、写、译等目标的描述，设置具体的、近期的、又有挑战性的目标，包括周目标、月目标和学期目标。应注意目标是个性化的，每个人都不一样；目标是具体的，阶段性的，不能太抽象，唯有如此才能看到学习的过程和获得学习成就感。接着，教师指导学生根据目标制订出可行的学习计划。学生自己要先制订一份详细的学习计划，教师尽量针对每个学生的实际情况对他们进行指导，让学生明白要养成何种学习习惯，并让学生确定所用的时间、完成的步骤、可能遇到的困难和解决的办法等。实际上在具体指导的过程中，由于学生众多，且教师与学生接触的时间尚短，所以对学生的具体情况很难做到熟悉，因此教师应以实例分析为主。教师选取典型学生的计划在全班做详细分析，全班学生进行讨论，让大家了解计划制订中应注意的环节和原则。同学们在完成各自的计划后，可以与教师多沟通，以达到最佳效果。

在确定目标、制订学习计划的过程中应注意个体与整体的关系，或者理解为特殊与一般的关系。导学案是广西师范大学大学英语智慧教学过程中的一大工具。它由教师制定，明确了每个单元和每次课的学习目标，以及每次课应完成的具体任务。这本身是一个很好的规划指南。但是由于教师在制定导学案的时候考虑的对象是全班同学或者整个级别的学生，因此制定出的成果是面向整

体的，是一般性的。但是智慧教学鼓励学生的个性发展，鼓励他们的创造性，因此，学生一定要牢记，自己的学习规划一定要在导学案的基础上结合自身特殊情况制订。

### （二）加强学习策略训练

学习策略目前并无统一定义。Duffy 把学习策略看作是内隐的学习规则系统；Mayer 把学习策略看作是具体的学习方法或技能；Rigney 把学习策略看作是学习的程序与步骤；Nisbet 把学习策略看作是学生的学习过程。这些观点从不同侧面揭示了学习策略的特征。综合来看，学习策略具有以下特征：是学习者为了提高二语 / 外语水平所采取的方法和手段，贯穿语言学习和语言运用的全过程；学习策略由问题驱动，服务于解决语言活动中出现的问题；学习策略具有灵活性和多样性特点，可受多种因素影响；学习策略既可以是显性的外部行为，也可以是隐性的心理活动；学习策略是可以培训和学习的。

O'Malley 和 Chamot 根据 Anderson 的认知理论框架，依据信息加工理论把学习策略划分为元认知策略（meta cognitive strategies ）、认知策略（cognitive strategies）和社会 / 情感策略（social/affective strategies ）。元认知策略由确立目标、制订计划、策略选择、自我监控、自我评价和自我调整组成，在整个学习过程中尤为重要，在很大程度上制约着诸如选择、注意力、推论和精密推算等认知策略的成效。O'Malley 也指出，不懂得使用管理方法的学生，从本质上说就是没有方向或机会回顾自己的进步和取得的成绩，也没有机会思考未来的目标。认知策略包括对材料或任务的心理操纵或转换，旨在增强理解、习得或记忆，如搜索资源、重复、分组、演绎、意象、听觉再现、关键词法、精化、迁移、推理、记笔记、总结、重组、翻译等。社会 / 情感策略是学习者在语言学习或与人沟通的过程中所使用的控制情感、情绪的方法，对学习动机、兴趣、学习焦虑等介入和调控即属于这一类别。

在具体的训练方法上，可以借鉴严明教授的"显性"培训和"隐性"培训两种方法。这是依据学生的知情程度来划分的。"显性"训练是短期集中训练，指告知学生训练的目标和依据，学生在完全知情的情况下，进行一系列能力培养训练。"隐性"训练是融入式培训，是教师将自主学习能力培养的理念融入常规教学中，学生在学习语言知识、操练语言技能的同时"习得" 自主学习能力。在"显性"培养中，学生通过完成以训练英语学习策略、丰富元认知知识、提高自我效能和激发学习动机为目的的学习任务，进一步了解各学习策略的具体情况，真实地感受其在英语学习中的作用，进而增强自主学习意识。在"隐性"培养中，依据教材的特点和内容安排，将策略能力培养融入常规语言学习中，引导学生在无意识中运用学习策略解决语言学习中的实际问题。

在智慧教学环境下，"显性"训练和"隐性"训练实际上已经打破了时间划分的界限。"显性"训练的材料已经被录制成微课视频或制作成 PPT 和文档，这些材料都已经被放在智慧教学云平台，学生可以随时随地进行学习。教师将各项学习策略融入平时的各项语言学习任务中，如要求学生背诵课文、复述文章大意、要求学生在看视频时做笔记、做课堂成果展示等。学生会自然地寻找相应的方法，如若使用效果不佳，教师再进行反馈，引导学生调整行为和方式。学生在学习语言的过程中同样还可以不时地复习"显性"培训材料，不断地进行强化，形成一个良性循环。

但是，学生对英语学习策略的使用是一个复杂的过程，成功与否受到多种因素的制约，既有外部环境因素也有学习者自身的因素。环境因素包括文化背景、英语学习条件、教学环境、学习任务等。这些因素在不同的程度上影响了外语学习策略的选择及其策略使用的成效。影响学习策略的因素有先天的、后天的，也有先天和后天混合的。先天因素一般包括智力、语能（language aptitude）、性别等。后天因素有学习动机等。先天和后天混合的因素有学习风格、性格类型等。这三类因素都可能对英语学习策略的使用产生积极或消极的影响。所以学习策略训练不管是对于教师还是对于学生都应该是一个持久的过程。唯有以积极乐观的态度去面对学习，才能找到适合自己的最佳学习方式，从而实现有效学习、终身学习。

### （三）构建多元的评价方式

智慧教学环境下的"形成性评价与终结性评价相结合"的多元评价方式，强调了学习过程的作用，有利于激发学生全面的学习表现，有利于自主学习能力的发展。形成性评价关注的是学生知识、技能与态度的"形成"过程，它是基于对学生学习的全过程持续观察、记录、反思而做出的发展性评价。形成性评价有助于激励学生学习，帮助学生有效调控自己的学习过程，积极的自主学习，使学生获得成就感，增强自信心，培养合作精神，使学生从被动接受评价转变成为评价的主体和积极参与者。终结性评价使学生对自己的阶段性学习有一个客观的认识，在英语学习中，也是非常有必要的，它可以一定程度上反映学生的语言水平。两种方式的结合成为英语教学中让学生认识自我，从而实现自主学习、自主发展的一种必要的评估手段。

在我们的智慧教学评价体系中，学生的平时学习表现在整个学业成绩中的比重大幅提升，而且他们可以通过智慧教学云平台中的"课程评估"实时查看自己的各项学习表现，及时调整自己的学习节奏。平时表现又分为多个考核项目，其中既有基于在线测试系统的多项形成性测试、作文批改、口语训练等，也有自我反思、学生互评、在线讨论质量评价等。也就是说既可以通过客观性的形成性测试了解语言学习的情况，也可以通过其他主观的形式培养多元智能。平台所打造的学习档案袋，记录学生的英语学习过程，引导学生对自己的学习过程进行反思评价。学生通过了解自己的学习过程，正确认识自己的进步与不足，不断地提高自我效能感，激发自我学习的动机。

除此之外，营造利于自主学习的环境。一方面，教师通过开展各种课堂内外的英语实践活动，营造活跃、自由、自主的学习氛围，使学生保持学习英语的信心和热情，使他们张弛有度地进行自我学习。另一方面，学校应不断推动信息技术与教育的深度融合，建设更加有效的学习平台。平台能提供丰富的、系统的自主学习资源，能提供精彩的课程学习资源，能帮助师生自由地在线交流，能随时监控和评估自我的学习行为。

# 第三节　批判性思维培养

大学英语智慧教学模式下，我们强调学生批判性思维的培养。培养的途径和方法有多种，其中包括线上课堂教师通过布置问题开展师生互动、线下课堂教师在课文阅读教学之后针对主题思想开展开放性问题的讨论等。培养学生的提问能力则是智慧教学中另一个重要的特点。

## 一、批判性思维与提问能力

批判性思维是"个体对产生知识的过程、理论、方法、背景、证据和评价知识的标准等正确与否作出自我调节性判断的一种个性品质。它包括批判性思维的个性倾向性和个性心理特征两个方面。个性倾向性反映个体的批判性精神，个性心理特征反映个体的批判性能力"。批判性思维由认知技能和情感意向两方面构成。认知技能一般包括阐释能力、分析能力、评价能力、推理能力和说明能力等。情感意向指批判性思维活动中应具备的批判精神，包括寻求真理、思想开放、勇于探究、分析力、系统化能力、明断力和认知成熟度。

提问能力是指，"学生在学习活动过程中，为了巩固知识的掌握、探索未知领域或监控学习过程，在联系自身已有知识经验和当时学习情境的基础上，针对一定的学习内容，通过一定的认知努力而自觉提出问题的能力"。 Elder & Paul 指出，思考不是来自回答问题而是来自提出问题。问题定义任务，表述难题，描绘争议，并且问题通常标志着思考上的停顿。只有当回答引发进一步的问题，思考才会得以继续。这就是为什么只有当你有问题的时候，你才是在思考和学习。学起于思，思源于疑，疑则诱发探索，从而发现真理。

提问对学生的发展有着积极的意义。学生提问能够增强学生主体性，培养积极思考的习惯；学生提问能促进其思维的发展，具体地说，学生提问能够提高他们的注意力、口语表达能力、读写能力和批判思维能力；学生提问有助于促进学生社会性的发展；学生提问还有利于群体的发展，学生提问可以促进班级成员之间相互交流、合作等。

翻转课堂模式是实施智慧教学的基本教学模式，而翻转课堂的特点之一就是将教学知识点和认知内容的学习放在课堂以外，学生针对各环节提出问题，课堂时间内用于小组讨论、答疑解惑、深入的专题式探讨等。学生通过小组式讨论和相互合作，解决与现实相关的复杂问题，在习得知识的同时，培养解决问题、分析、判断、推理等能力。在此过程中学生的个性、合作精神、开放度等情感意向方面的能力也得到发展。所以翻转课堂中，问题式的学习与批判性思维的培养达到深度融合。

## 二、问题的分类

Bloom 根据人类认知程度的复杂性，将认知层级分为识记、领会、应用、分析、综合及评价等六个层次。Kinsella 将问题的认知层级进行了划分和描述，问题认知层级从低到高依次是知识问题、理解问题、应用问题、分析问题、综合问题和评估问题。

### （一）知识问题

这是最低层次的问题，要求学生回忆信息。知识问题通常要求学生以基本相同的形式识别信息。一些知识问题的例子包括：

"中国的首都是哪里？"

"《傲慢与偏见》的作者是谁？"

"世界上有几大洋？"

知识性问题中通常包含"知道""谁""定义""是什么""哪里""什么时候"等词语。

### （二）理解问题

理解包括通过组织、比较、翻译、解释、描述和陈述主旨来展示对事实和观点的理解。简单地说，理解就是把思想组织成类别的方式。理解问题是要求学生把一些信息分成一个类别或组。这些问题超越了简单的记忆，要求学生将数据结合起来。一些理解问题的例子包括：

"这篇文章的主旨是什么？"

"中美高等教育的差异有哪些？"

"作者是如何论证他的观点的？"

在理解问题中经常使用的词汇包括"描述""使用自己的词汇""概述""解释""讨论"和"比较"等。

### （三）应用问题

应用问题包括在新情况下运用所学的知识解决问题，如所学的知识、事实、技术和规则。学习者应该能够使用已有的知识来解决问题，识别联系和关系，以及它们在新情况下的应用。应用型问题的例子有：

"如何用这一阅读技巧去分析文章的结构？"

"你能够根据这一构词规则找出相似的单词吗？"

在应用型问题中经常使用的词汇包括"应用""操作""使用""戏剧化""演示""解释"和"选择"等。

### （四）分析型问题

分析型问题包括检查和将信息分解成各个组成部分，确定各个部分之间的关系，确定动机或原因，作出推论，并找到支持归纳的证据。其特点包括：对元素的分析、对关系的分析和对组织结构的分析。分析型问题的例子有：

"为什么中国人如此热衷学习英语？"

"导致他母亲情绪激动的因素有哪些？有哪些具体的细节支撑？"

在分析型问题中经常使用的词汇包括"分析""原因""分解""图表"

"得出结论""简化""区分"和"调查"等。

### （五）综合问题

综合指将不同的元素构建成一个结构或模式；它也指把各个部分组合成一个整体的行为。综合问题挑战学生的创造性和创造性思维。这些问题让学生产生创造性的想法并解决问题。综合问题总是有各种各样的潜在答案。一些综合问题的例子包括：

"你怎么把这些东西组装成风车呢？"

"如果你能在水下呼吸，你的生活会有什么不同？"

"如何把这些词放在一起组成一个完整的句子？"

在综合问题中经常用到的词包括"构成""构造""设计""修改""创造""制定""产生"和"计划"等。

### （六）评估问题

评估指的是通过基于一套标准对信息、想法的有效性或工作质量作出判断来陈述和捍卫观点。其特点包括：基于内部证据的判断，根据外部标准进行判断，评价需要个人对某事做出判断。我们需要判断一个想法、一个候选人、一件艺术品或一个问题的解决方案的价值。当学生参与决策和解决问题时，他们应该在这个层次上思考。评估问题没有单一的正确答案。一些评估问题的例子包括：

"到目前为止，你认为你的工作怎么样？"

"你最喜欢哪个故事？"

"你认为他做得对吗？"

"你认为李娜为什么这么有名？"

在评价问题中常用的词汇有"判断""评价""评估""什么是最好的……""批评"和"比较"等。

以上六分法是根据 Bloom 的原始版本来划分的，在 2001 年修订的版本中，级别略有不同，它们是记住、理解、应用、分析、评估、创造（而不是合成）。

## 三、学生提问能力培养策略

### （一）教师转变观念

智慧教学环境下，教师必须将"教师为中心"的观念转变为"教师主导，学生主体"的观念。而在提问方面，具体体现在教学中要改变提问的主体。传统教学中教师占据了课堂大部分时间，教师作为唯一的提问者拥有垄断性的权力，而学生作为未知者，不能像日常提问那样自由自主地提问。教师提问往往根据自己的预设进行，客观上难以照顾不同学生的差异。这种情况在大学英语大班授课的情况下更加突出。由于教师对提问的垄断，其在问题的供给、设置上存在着扩张性和随意性，从而导致了问题的数量过多和针对性较差，往往导致教学枯燥单调和高负低效，学生也难以形成自主探究式学习。在翻转课堂教学模式中，教师鼓励学生发现问题、多提问题，就他们在学习中碰到的疑惑和困难进行讨论交流，提问更多来自学生。

### （二）帮助学生改变意识

与西方国家的学生相比，中国学生往往羞于提问，自然提问能力不及他们。文化差异是这一表现的重要原因。正如著名发展心理学家贝克所述，"在西方国家，害羞被看作是社会适应不良的一种表现，这就提高了成人和同伴对拘谨孩子的沉默和畏缩作出消极反应的可能性。而在中国，成人会积极地评价害羞的孩子，认为他们社会成熟水平高，能体谅别人，中国文化中对自我约束力的良好评价使得害羞的孩子可以得到成人和同伴的积极对待，因此拘谨的中国儿童在校期间会显得非常适应，深受同学的喜欢，被老师认为学习好，人缘好"。中国人的这种集体主义文化氛围自小就对学生造成了很大的影响。我们不能说这种观念不好，但是至少在提问视角下，我们需要有所改变。而且由于长期接受应试教育，学生习惯了"被灌输"的学习方式，大脑已经形成了思维定式，"不敢问""不想问""不会问"的现象十分普遍。因此我们要鼓励学生积极思考，勇于发声；要培养学生的问题意识和探究精神，让他们正确认识和对待知识，并意识到学习不仅是一个传承和积累的过程，更是一个理解、批判和超越的过程。

### (三) 传授训练提问技巧

学生对如何提问并没有一个清晰的、系统的理解，所以有必要对学生进行提问培训。首先，通过讲座、在线交流等形式对问题的六个层次进行讲解，让学生有一个整体的框架性的认识。其次，结合所学课文进行实例分析，这样学生更有代入感，更容易吸收。以下借助广西师范大学智慧教学团队成员王越和刘燕梅在实际教学中的做法作为案例分析。

一般来说，从操作的简便性而言，我们可以从 what（是什么）、why（为什么）、how（如何做）三个维度进行提问，而问题的六个层级可以被隐含在其中。另外，要求学生掌握一些提问的切入点。如课本的标题、作者的写作手法、作者的写作意图、文化背景知识、新旧知识的联系、句子的功能、深层含义、联系生活、反向思维等都可以成为提问的具体方面，这样不至于无从入手。

实例一：

《全新版大学英语综合教程 2》中第二单元的标题是 A Life Full of Riches，学生就这个标题可从最基本的三个维度进行提问。第一个 what 方面，可提的问题有：富足的一生指的是什么？精神上的富足还是物质上的富足？这些提问学生可以比较轻松地在文中找到答案，属于理解型提问。第二个 why 方面，是作者为什么会觉得他的一生是富足的？这些是分析型问题，学生需要对全篇文章进行把握，找出支撑证据。第三个 how 方面，学生的提问可以是：作者是如何获得财富的？在我们这个物欲横流的时代，物质财富与精神财富，哪个对我们来说更重要？我们又该如何过上富足的生活呢（物质、精神）？在物质财富极度匮乏的前提下，追求精神财富还有意义吗？这一系列的问题将课文中的信息与实际生活联系起来，由此及彼。这是综合型和评价型的结合，或者用后来 Bloom 的修订版的分类来说，属于创造性阶段。能够学有所获，从别人的故事中获得道理来指导自己的人生，这不正是我们学习的目的吗？

实例二：

《全新版大学英语综合教程 2》中第五单元的标题是 True Height，学生可以从这个标题入手，理解标题的双层含义。对于主人公 Michael 来说，真正的高度指代的是什么？文章讲述了作为一名撑竿跳者，Michael 如何拥有梦想，如何在父亲的训练下，通过自己的努力参加撑竿跳比赛并获得冠军的故事，但到结尾处笔锋一转，提到主人公 Michael 是个盲人，作者的写作意图何在？教师引导学生对这样的结局和事实提出质疑。既然 Michael 是个盲人，他为什么要和普通人一起参加奥运比赛呢？这是否有悖常理呢？实际上，教师在每次课堂中都可以列举一到两个例子，告诉学生如何进行提问。对这个标题的提问体现了在思维中分析、综合和评估的过程，非常值得学生学习。

实例三：

在《全新版大学英语综合教程 2》中第四单元 Text A The Virtual World 的学习中，教师可以挑选出这个句子"When I'm in this state，I fight my boyfriend as well，misinterpreting his intentions because of the lack of emotional cues given by our typed dialogue"，告诉学生我们可以从基本问题和拓展问题两个层面来进行提问。1.What state is the author in？（知识型问题）2.How does the author communicate with her boyfriend？（分析型问题）3.Why does the author often fight her boyfriend？（分析型问题）4.Does typed dialogue really lack emotional cues between people？（评估型问题）5.What do you think of online communication？（评估型问题)6.What do you think of cyber love？（评估型问题）7.What shall we do in the information age？（应用型或创造型问题）这样的训练，让学生学会阅读，学会观察和思考。对于课文中的一些语言点或长难句的理解，要鼓励学生建立新旧知识的联系，形成系统的知识体系。

在翻转课堂模式下，教师要注意对学生提问引入激励评价。教师对学生的提问适时总结，及时肯定，给予表扬。在翻转课堂模式下，学生一般会在课前把提出的问题和讨论的结果汇总给教师，教师根据学生的学习情况设计课堂教学活动，教师很有必要把共性的、有价值的问题呈现在学生面前并给予肯定、提出表扬，激发问题提得好的小组同学的学习热情，也给其他同学树立了很好的榜样，明白什么样的问题才是有价值、有深度的问题。为引导学生提问，教师还应发挥教学评价的激励和导向作用。翻转课堂教学模式十分注重形成性评价，把学生课前以小组或个人的形式提出的问题作为评价的重要依据，把课堂上提出问题、讨论问题、解决问题纳入学生的学业评价。

### （四）激发学生的兴趣

兴趣是最好的老师，是学生积极向上的原动力。教师应努力创设轻松愉悦的学习氛围，建立和谐友好的师生关系，发挥教师的知识魅力和人格魅力，使学生保持学习的热情。热情是一种魔力，它会创造奇迹。学生对自己发现并提出的问题，最有兴趣和动力去探究。提出问题能力的提高又将促使学生善于提问，使得学习英语的热情更加高涨，形成良性循环。

# 第四节　情感能力培养

苏霍姆林斯基认为，情感包括：对国家、对集体、对他人的义务感、责任感、同情心，对学习知识的权力感，对自己的自信感、自尊感，对劳动的自豪感和愉快感，对敌人的憎恶感，对父母、老师、朋友的信赖感、热爱感等。从这个理解中我们可以看到，情感既是一种对生活具体物象的感受与体验，也是一种对人生价值、生命意义的感受与体验。人的审美取向、人生观、价值观、世界观等都可以包含其中。情感关乎着对生命价值的追寻，对幸福的获取。智慧教学追求学生的全面健康发展，理所当然要关注情感教育。情感教育的内容丰富，其中生命教育是重要内容。

生命教育是现实需要。近年来，中国社会政治、经济、文化、科技等各方面发生了巨大的变化。物质文明的飞速发展冲击着一部分人的世界观、人生观和价值观，也给高等教育的对象带来了冲击，使他们迷失在社会的洪流中。这警醒着我们，高等教育不仅传授知识和技能，也需要关注学生身心的全面发展。生命教育关乎个体的生命意义、关乎个体生命的健全人格发展、关乎个体生命质量的提升和全面发展。英国教育家怀特海说过，"学生是有血有肉的人，教育的目的是激发和引导他们的自我发展之路"。由此可见，生命教育是现实的需要，是高等教育的题中之义。生命教育也被明确写进《国家中长期教育改革和发展规划纲要（2010—2020年）》，体现了国家对个人全面发展的高度重视。如何实施生命教育成为了教育者的重要课题。

## 一、生命教育的内涵

人的生命分为三个层次：自然性生命、社会性生命和精神性生命。人同所有其他生命一样生存于宇宙之间。但人之所以不同于自然界的动物，一是因为人处于复杂的社会关系之中，扮演不同的角色，遵循不同的社会准则等等，更重要的是人是有思想的动物。人有对理想、感情、道德、信仰、价值观等的追求，促使精神生命超越了生命的物化局限，走向永恒。1968年美国学者J.Donald Walters首次提出生命教育思想。他认为，生命就是一种体验，人人都致力于探寻其中的原则，并遵循这些原则生活。生命教育就是对个体生命状态进行的教育，最终使个体能够追寻到终极信仰的愉悦和幸福。

生命教育的本质在于让人们处理好人生中"生命与生活的紧张"，使人们深刻地意识到自我生命内涵的多面性、丰富性，从而能够正确地体会生命的可贵，确立生活的正确态度与目的，去追求人生的更大价值与意义，最终超越生命。由此，生命教育可以分为三个层次：第一，爱惜生命，尊重生命，保存生命；第二，发展社会性生命，形成良好的人际关系，勇于承担责任，与其他生命和谐共处；第三，追寻生命的意义，创造生命的价值。所以，生命教育使人们认识生命，敬畏生命，树立生命理想，发挥人性光辉，实现生命价值。

## 二、生命教育的一般实施途径和原则

生命教育一直以来是学者们关注的重点，张加明建议设立显性的生命教育课，从课表上明确生命教育这一科目；蔡亚平强调在思想道德修养与法律基础课程中增设生命教育内容，使生命教育课程化、常规化；周俊武设立了一套较为完整的教育框架，包括生命教育的目标、教学过程、评估等；赵迎华论述了从整体上建立公平的学生评价体系和全方位、立体化的校园文化；邹景明阐述了生命教育是培育和践行社会主义核心价值观，落实立德树人的重要途径。他们从理论上论述了生命教育的重要性及教育体系建构的框架，给具体实施提供了借鉴。生命教育的实施途径多种多样，但大致分为两类：单独开设生命教育课程和渗透到各学科课程中。单独开设课程虽然能让学生系统地接受生命教育的内容，但是大学四年毕竟时间跨度较大，学生可能会遗忘所学内容。而在各学科课程的学习中进行渗透虽然看起来较为零碎，但可以在具体的学习过程中进行操作，达到润物细无声的效果。无论是哪种途径，"体验"是这一教育过程中的核心词。学生只有在体验中才能悟出生命的宝贵、生命的魅力以及超越生命的价值。本书从学科融合的角度探讨生命教育的具体实施途径。

生命教育要与学科课程深度融合可以遵循两个原则。第一，理论融合。融合的重点就是将"体验"的思想与课程中的专业内容相结合。理论框架是一门课程或学科发展的基础，生命教育的融合首先强调理论的指导性。一门课程之中可能包含多样的理论，那么就需要探寻其中与"体验"相关的点，并加以整理，形成教师独具特色的理论操作框架。理论框架的明确可以使融合的具体环节更加清楚，执行更加有效。第二，挖掘中华优秀传统文化中的生命观。生命教育概念的提出虽然来自国外，但是中国的传统文化中的生命教育智慧俯拾皆是。如孔子的"未知生，焉知死"表达了对自然生命的尊重；而"杀身以成仁"体现了孔子重视精神生命和"成圣"的生命终极意义。再如老子的"道生一，一生二，二生三，三生万物。万物负阴而抱阳，冲气以为和"是将人的生死置于整个宇宙的自然运行中，将人的有限性与无限性结合起来；"不失其所者久，死而不亡者寿"则告诉我们精神生命的不朽。中国人的生命教育不能完全遵循国外的做法，需要回归中国人的文化根基。下文以大学英语课程为例探讨智慧教学模式下如何具体实施生命教育。

## 三、大学英语智慧教学下的生命教育

### （一）大学英语智慧教学下实施生命教育的必要性

第一，大学英语课程中融入生命教育是学科自身属性的要求，也是大学教育的需要。语言类课程是高等学校人文教育的重要组成部分，兼有工具性和人文性双重性质。人文性的核心是以人为本，弘扬人的价值，注重人的综合素质培养和全面发展。语言类课程与生命教育的目标一致，都是追求人的健康全面发展，实现生命价值。大学教育除了传授技术，更多的是要促进人的意识的成长。语言类课程在高等教育院校的课程体系中占有很大比重，其受众广，时间跨度大，理应成为生命教育的重要阵地。

第二，大学英语课程实施智慧教学是现实需要。教育信息技术的发展给语言类课程教学带来了便利，但也呈现出一系列问题，突出表现为：首先，部分教师过分强调技术导致课堂教学方法过于机械化、表面化，教学内容的内涵精华容易丢失；其次，在"微"化时代，学生缺乏深度学习和深度思考，英语学习缺乏深度探索，只停留在语言的表层，无法感受到语言隐含的文化魅力，学生的内驱动力不足；再者，缺乏有效的中国文化学习。因此，需要不断完善线上线下相融合的混合式教学，合理利用微课、慕课以及网络学习平台等重要的教学载体，促进学生的学习和个人发展。智慧型人才不仅仅是拥有高超技能的人才，更是人格全面发展、有社会责任担当和精神自由的人才。智慧教学与生命教育不谋而合。由此可见，智慧教学走进大学英语课程具有现实必然性，生命教育与智慧教学的宗旨是一致的，教育者要发挥自己的智慧去激发学生的生命智慧。

## （二）理论基础

大学英语课程中的生命教育可以尝试与各种语言学习理论相结合。笔者尝试以认知语言学体验观作为理论指导。认知语言学认为语言反映了人类的思维，是认知活动的载体。这一学科以体验哲学为基础。体验哲学强调心智的体验性，即概念、范畴、心智和推理通过人的身体经验形成，特别是由我们的感觉运动系统所形成的。反映在语言中的现实结构是人类心智的产物，而人类心智又是身体经验的产物。身体、大脑与外部世界的互动为日常推理提供了认知基础。大部分抽象概念都通过隐喻建构，即通过已知域的经验去理解和感受抽象域。语言中的音、词、句、篇章等处处隐含着人类的生命活动。因此认知语言学对于在语言学习的过程中去探究生命的意义有着天然的优势。语言类课程的生命教育以认知语言学的体验观作为理论指导，围绕生命教育的本质和层次，从教学内容、教学方法和教学评估三个方面把生命教育渗透进语言教学，突出中国文化特点。

## （三）生命教育具体实施途径

### 1. 教学内容的重新建构

教学内容是教学的基础，生命教育首先应该从内容上进行挖掘和重构。智慧教学的特征之一是合理利用线上学习资源，与线下课程相呼应。因此，需要对教材进行深度分析，制作线上学习内容。可尝试从语言的结构出发，结合文化内涵和情感导向寻找与生命教育三层次相契合的知识点，通过现代教育技术制作成微课视频、课件或其他具有良好体验感的媒介。语言的结构之美指的是从语言本身的特点出发，对语音、词汇、句子结构、篇章修辞等方面进行分析，把语言自身之美同生命之美联系起来。

（1）语音方面，借助音义之间的相似性，体验生命形态。语音往往是意义的反映。如对拟声词包括关于大自然各种生命的拟声词进行系统整理并升华到教育层面，既可以让学生饶有兴致地接受枯燥的语言训练，也使之在无形之中思考自己的生命来自何方，以及体会更广泛意义上的大自然生命之美。

（2）词汇方面，分析词义的隐喻式扩展方式，从词语的认知理据进行教学设计，感受生命。词义发展的过程中往往反映的是人类的认知体验。比如，把对 up 和 down 的客观空间关系感知投射到情感领域，就会发展为 up 可以表达情绪高昂，而 down 可表达情绪低落。激发学生体验情感的变化，同时结合中国文化中"人有悲欢离合，月有阴晴圆缺"等经典诗词引导学生对人生中的起落进行深刻理解。又比如，动词 enlighten 的词义发展也可融入生命教育。这个词的核心词干是 light（光线），其古语意为"照耀"，光带来了光明，驱散了黑暗。而人们把这种视觉上的变化移植到人的思想上，就使得 enlighten 的词义发展为"启蒙"，是"光"驱散了愚昧无知。这是什么样的"光"？可以是知识、理性、艺术等等。欧洲历史上异常重要的"启蒙运动"即是用的这个词的名词形式"enlightenment"，意味着人们驱散了中世纪的黑暗，跨入现代文明社会。而当我们回到中国文化中时，"光"同样至关重要。《道德经》中有多次提及"光"，如"用其光，复归其明，无遗身殃；是为袭常"。"光"是"道"，是万物之根源。在纷繁世界中要学会去除私欲和杂念，用"道"照亮自己的内心，从而保持清醒，沿着正确的方向前行。总而言之，这些"光"让我们不用活在黑暗的痛苦之中，促使我们去追求阳光、自由、美好的生活，把握生命的精彩。词汇的学习不应只停留在识记的表层、身体的客观体验，心灵的文化体验也可以融入其中。生命教育在这一层面得到深度融合。

（3）句子方面，关注句子的修辞，借鉴认知修辞学的成果，开展体验式学习。在西方古典修辞学中，修辞主要有说服和诗学两种功能。而现代的修辞学研究在继承传统精髓的基础上将修辞学与其他学科联系起来，使之发展为基于人类行为的阐释性学科。美国修辞学家罗伯特·司各特论述过，修辞是了解、认识世界的方法；使用修辞的行为就是创造知识的过程。日本学者佐藤信夫在其著作《修辞感觉》中详细论述了修辞的"发现性认识的造型"功能，他称其为"第三视点"：人们借助修辞形式，凭感觉认识某种联系、创造某种联系。可见，修辞不再是单纯的语言形式，其反映出人类对世界的理解和体验。"体验"是现代修辞学与认知语言学的融汇点。读者通过分析语言中的修辞现象去探知和感受修辞所创造出来的新世界。如排比句本身的节奏感往往将气氛激烈地推向高潮，体现出作者思想和情感的涌动。比喻、拟人等修辞句一般也是感官移就，即把对客体的体验移植到对另一客体的体验上，这是一种深层体验，也是人类认知世界的常见方式。因此，学习句子时，可以挖掘修辞句的内涵，发现语言的魅力，体验语言隐含的价值观、生命观。

例如，某篇课文讲述现代人在网络虚拟生活和现实生活间纠结彷徨。其中一句"你一旦开始用网络交际取代人与人的真实接触，要走出这种洞穴就会相当困难"。显然这个句子是一个暗喻的修辞句，句中的洞穴暗指网络虚拟世界。

这个句子看似简单，很容易被读者忽略掉，实则表达了作者复杂的情感。"洞穴"首先给人的直观感受是封闭、与世隔绝。我们可以理解到沉溺于网络社交的生活就如同穴居生活一样把自己同社会隔离了。作者是在劝诫现在的年轻人要深入真实的生活，体验面对面的心灵的交流。引导学生体验到这一层面，其实也可以算基本完成了语言学习的任务。但是如果把这一隐喻句同西方古典文化联系起来，我们的体验就可以到达更深的层次。柏拉图在《理想国》中阐述了著名的"洞穴之喻"。久居洞穴里的人把洞里的火和自己的影子当成了真实世界的样子，而当一个偶然挣脱束缚逃到洞外的人看到现实世界返回来告诉其他人的时候，大家都不相信，反而将其杀死。慢慢地一些人走出洞穴去认识真正的自己和世界，一些人却无法适应外面的世界又返回山洞。人类活动的目的在于追求幸福，只有摆脱了桎梏，才能认识自我，认识真善美，才能使心灵得到升华。但是这个过程是很难的，有些人一生都只会活在自己的"光影世界"里。回到课文中的句子，走出虚拟世界是困难的，人们已经难以适应现实，忘了真实的自我。虚拟世界只是现代的人们所面临的种种"洞穴"之一，只有走出去才能实现生命的价值。社会性生命和精神生命在这一案例中得到体现。

（4）语篇层面，借鉴认知语篇分析理论，从整体上深入理解语篇表达的生命意义。认知语法、图形—背景理论、原型理论、概念隐喻理论等等均可融入语篇分析，通过通俗易懂的方式展现给学生，带领学生体验生命。例如，在学习埃兹拉·庞德（Ezra Pound）的名诗《地铁车站》时，可以结合图形—背景理论进行讲解。

地铁车站

人群中这些面庞的闪现，

湿漉的黑树干上的花瓣。

图形是凸显部分，是认知焦点；背景是被模糊感知的部分，是认知参照点。该诗异常简短，但是呈现出多组图形与背景的对比。第一行中，地铁站里忙碌而拥挤的人群，给人带来一种紧张抑郁之感，这是背景。但是在茫然之中出现了几张面孔，立刻聚焦了读者的注意力，这是图形。这是第一个意象，是社会中的场景。也许读者此时并不明白作者要表达什么，但是可以推断这些面孔肯定是与众不同的，才会得到关注。第二行潮湿、黑漆漆的树枝成为背景，而美丽的花瓣成为凸显焦点，成为图形。这是第二个意象，是大自然中的画面。风雨之后，花瓣仍然屹立枝头，更显生命之美。读者此时恍然大悟，第一行中的面孔难道不就是像花儿一样的面孔吗？现实生活是残酷的，但也是美好的。人是残缺的，也是完美的。我们自信地寻找这些 "花瓣" 和 "面孔"，发现自然之美、人性之辉，积极拥抱人生。

（5）主题拓展，突出中国文化体验。学生一般只注重了语言的工具性，强调了语言的表层含义，忽视了隐含的文化意义，更缺乏对中国文化的探索。某课文旨在揭示人们的欲望越多，获得反而越少，鼓励人们减少欲望。但是如何减少，作者并没有涉及。学生除了明白 "是什么" 和 "为什么"，还要学会 "怎么做"。显然本课主题扩展可以通过什么途径来减少欲望。例如，以禅茶文化为主题制作系列微课。微课围绕禅茶 "正、清、和、雅" 的基本精神展开，内容突出 "简" 和 "静" 的概念，展示如何学习在备茶、沏茶、品茶的过程中抛开杂念，进行冥想；引领学生在茶叶的翻滚中观察云卷云舒，透过茶杯里的小世界感悟宇宙的大智慧，体验生命的奥秘。诚然禅茶的境界无法在短时期内达到，但至少给学生提供一种途径，去思考世界和自己的人生，从而寻找到适合自己的提升修养的方法。

总之，对这些材料的处理基本分为三个步骤：第一，集体备课，充分理解教学内容，挖掘生命内涵点；第二，多种方式制作线上教学内容，线上体验生命内涵，可以借鉴多媒体方式进行多模态感受；第三，线下设计活动，进一步体验；第四，总结，延展生命含义，即指引学生通过这些材料如何认识生命，如何追求生命价值。

2.教学方法

智慧教学的特点是基于智慧教学云平台，采用翻转课堂模式下的探究式教学。以某校语言学习智慧教学云平台为例，它是根据本校学情定制的云端网络学习平台，其以校本慕课为核心，辅以口语学习系统、写作系统、测试系统、第二课堂资源库以及地域特色资源库。该云平台是线上、线下学习相融合的载体，翻转课堂教学以此为基础开展。教学团队在确定与生命教学相关的材料后，录制系列微课，嵌入在线学习平台。学生在独立完成在线学习任务后，与师生进行线上交流，回到课堂进行进一步展示和探讨，个人活动与小组交流相结合，加深对所学内容的体验。

生命教育需要体验，具有天然的探究性。除了在线的、课堂内的学习，教师也可以以项目为单位，设计具体的课外任务，让学生走向大自然和社会，进行切身感受，并学习将感性材料进行总结、凝练，甚至抽象化。例如，针对课本中涉及年轻人责任担当的课文，教师让学生在学习了课本内容后，走访失独家庭。采访稿和流程需经过精心设计，教师提供修改意见。学生可以通过视频、PPT、文字等多种方式进行总结，在课堂或云平台进行分享。通过这样的活动，学生可以感受失独家庭的困境，感受孩子对家庭和社会的重要性，理解自然生命的可贵。同时在这个过程中，学生学会明晰自己的社会角色和责任，以积极的心态直面人生，丰富自己的社会性生命属性。

　　总之，人的生命是复杂的有机结合体，生命教育是一项高度综合性、实践性的工程。生命教育的实践形式没有单一的标准，在大学英语智慧教学的过程中开展生命教育可以是一个有益尝试。当然，无论何种方式，"体验生命"都应成为关键词。生命教育不可能一蹴而就，它需要教育者不懈的努力。自然生命、社会生命和精神生命得到完美统一是教育者的梦想，也是受教育者的梦想。

# 参考文献

[1] 成畅 . 双语教学与大学英语教学改革探讨 [J]. 中国航班，2022(29).

[2] 何莉 . 大学英语教学改革趋势探讨 [J]. 现代英语，2021(20).

[3] 何三建 . 问题意识与大学英语教学 [J]. 科学咨询，2019(10).

[4] 李庆丰 . 大学英语教学探析 [J]. 海外英语，2022(7).

[5] 厉勇 . 探索大学英语教学改革 [J]. 教育科学 ( 引文版 )，2019(6).

[6] 林明金 . 大学英语有效教学十讲 [M]. 厦门大学出版社有限责任公司，2022.

[7] 刘鹏娟，张冠萍，席连俊 . 浅谈大学英语教学模式 [J]. 科海故事博览 ( 下旬刊 )，2019(2).

[8] 刘伟 , 李佳美 . 翻转课堂和大学英语教学 [J]. 语言与文化研究，2019(1).

[9] 刘先林 . 大学英语教学策略研究 [J]. 新商务周刊，2019(6).

[10] 刘晓瑛 . 关于大学英语教学的几点思考 [J]. 文渊 ( 中学版 )，2021(5).

[11] 罗刚峰 . "互联网"时代大学英语教学改革 [J]. 西部素质教育，2022(14).

[12] 孟凡儒 . 关于大学英语的教学反思 [J]. 当代旅游，2019(4).

[13] 潘光良 . 文化视角下的大学英语教学改革 [J]. 英语广场：学术研究 ( 下旬刊 )，2022(24).

[14] 任红艳 . 文化认知与大学英语混合式教学实践研究 [M]. 北京：中国纺织出版社，2022.

[15] 施黎辉，付国伟 . 高校学术研究论著丛刊 信息化时代大学英语自主学习能力的培养研究 [M]. 北京：中国书籍出版社，2023.

[16] 孙晓梅 . 大学英语教学现状及发展 [J]. 知识经济，2022(4).

[17] 唐金萍 . 有机教育与大学英语教学 [J]. 林区教学，2019(3).

[18] 王慧 . 大学英语教学的有效性探讨 [J]. 女人坊，2021(12).

[19] 王静 . 大学英语教育与课程体系建设研究 [M]. 天津：天津科学技术出版社，2022.

[20] 王淑花，潘爱琳 . 大学英语课程思政教学实践与反思研究 [M]. 北京：首都经济贸易大学出版社，2022.

[21] 魏家琴，任静 . 大学英语教学中听说能力培养 [J]. 世纪之星 ( 高中版 )，2021(5).

[22] 文燕 . 智慧教育时代的大学英语教学策略 [J]. 高教论坛，2022(4).

[23] 肖玲，郑苏英，石丹丹 . 英语教学研究与实践 [M]. 延吉：延边大学出版社，2022.

[24] 许静 . 在大学英语教学中翻转课堂模式的应用探讨 [J]. 湖北开放职业学院学报，2023(3).

[25] 杨一光 . 新时代大学英语教学探析 [J]. 数码设计，2021(7).

[26] 杨中廷 . 大学英语教学改革探析 [J]. 教育科学 ( 引文版 )，2019(6).

[27] 臧庆 . 大学英语教学中的文化意识培养 [J]. 英语广场 ( 学术研究 )，2022(26).

[28] 张慧 . 信息化背景下大学英语教学与创新思维研究 [M]. 北京：中国纺织出版社，2022.

[29] 张蕾 . 大学英语教学观察与思考 [J]. 桂林师范高等专科学校学报，2019(4).

[30] 张兴，李芳 . 大学英语教学研究 [J]. 幸福生活指南，2020(1).

[31] 章丽芬，章素芬 . 大学英语教学创新路径研究探析 [J]. 数据，2021(10).

[32] 赵燕 . 浅谈大学英语教学质量的提高 [J]. 新丝路 ( 上旬 )，2021(3).

[33] 郑淑芳 . 浅析大学英语教学改革 [J]. 英语广场 ( 学术研究 )，2020(2).

[34] 訾华东 . 大学英语分级教学研究与实践 [M]. 北京：中国电力出版社，2022.